Pôr o leitor directamente em contacto
com textos marcantes da história da filosofia
— através de traduções feitas
a partir dos respectivos originais,
por tradutores responsáveis,
acompanhadas de introduções
e notas explicativas —
foi o ponto de partida
para esta colecção.
O seu âmbito estender-se-á
a todas as épocas e a todos os tipos
e estilos de filosofia,
procurando incluir os textos
mais significativos do pensamento filosófico
na sua multiplicidade e riqueza.
Será assim um reflexo da vibratilidade
do espírito filosófico perante o seu tempo,
perante a ciência
e o problema do homem
e do mundo

Textos Filosóficos

Director da Colecção:
ARTUR MORÃO
Licenciado em Filosofia;
professor da Secção de Lisboa da Faculdade de Filosofia
da Universidade Católica Portuguesa

1. *Crítica da Razão Prática*
   Immanuel Kant
2. *Investigação sobre o Entendimento Humano*
   David Hume
3. *Crepúsculo dos Ídolos*
   Friedrich Nietzsche
4. *Discurso de Metafísica*
   Gottfried Whilhelm Leibniz
5. *Os Progressos da Metafísica*
   Immanuel Kant
6. *Regras para a Direcção do Espírito*
   René Descartes
7. *Fundamentação da Metafísica dos Costumes*
   Immanuel Kant
8. *A Ideia da Fenomenologia*
   Edmund Husserl
9. *Discurso do Método*
   René Descartes
10. *Ponto de Vista Explicativo da Minha Obra como Escritor*
    Sören Kierkegaard
11. *A Filosofia na Idade Trágica dos Gregos*
    Friedrich Nietzsche
12. *Carta sobre Tolerância*
    John Locke
13. *Prolegómenos a Toda a Metafísica Futura*
    Immanuel Kant
14. *Tratado da Reforma do Entendimento*
    Bento de Espinosa
15. *Simbolismo — o seu Significado e Efeito*
    Alfred North Witehead

SIMBOLISMO
O SEU SIGNIFICADO E EFEITO

Título original: *Simbolism, its meaning and effect*

© 1927, by the Macmillan Company
Copyright renewed, 1955, by Evelyn Whitehead
Published under agreement with the Syndicate
of the Cambridge University Press

Tradução de Artur Morão

Capa de Jorge Machado Dias

Todos os direitos reservados para a língua portuguesa
por Edições 70, Lda., Lisboa — PORTUGAL

EDIÇÕES 70 LDA., Av. Elias Garcia, 81, r/c — 1000 LISBOA
Telef. 76 27 20 / 76 27 92 / 76 28 54
Telegramas: SETENTA
Telex: 64489 TEXTOS P

Esta obra está protegida pela Lei. Não pode ser reproduzida,
no todo ou em parte, qualquer que seja o modo utilizado;
incluindo fotocópia e xerocópia, sem prévia autorização do Editor.
Qualquer transgressão à Lei dos Direitos de Autor será passível
de procedimento judicial.

Alfred North
WHITEHEAD

SIMBOLISMO
O SEU SIGNIFICADO E EFEITO

edições 70

DEDICATÓRIA

Estes capítulos foram escritos antes de eu ter visto o monumento de Washington, em frente ao Capitólio na Cidade Washington, e antes de ter saboreado a experiência de atravessar as fronteiras do Estado de Virgínia — uma grande experiência para um inglês.

Virgínia, símbolo do idílio e da aventura em todo o mundo de língua inglesa: Virgínia, conquistada para esse mundo no período romântico da história inglesa por Sir Walter Raleigh, a sua mais romântica figura; Virgínia, que se manteve fiel à sua origem e impregnou de romanesco a sua história.

O romanesco não trouxe uma felicidade ininterrupta: Sir Walter Raleigh sofreu por causa dele. O idílio e a aventura não rastejam pelo chão; como o monumento em memória de Washington, elevam-se ao alto — um fio de prata que une a terra ao azul dos céus.

18 de Abril de 1927

PREFÁCIO

De acordo com as condições da Barbour-Page Foundation, estas conferências são publicadas pela Universidade da Virgínia. O autor agradece às autoridades da universidade a cortesia que tiveram em aceder aos seus desejos em relação a alguns pormenores importantes da publicação. Com excepção de umas quantas alterações irrelevantes, as conferências imprimem-se como foram pronunciadas.

Compreender-se-ão melhor pela referência a algumas partes do *Essay Concerning Human Understanding* de Locke. O autor sente-se também em dívida com *Locke's Theory of Knowledge and Its Historical Relations* de Prof. James Gibson, *Prolegomena to an Idealist Theory of Knowledge* do Prof. Norman Kemp Smith, e *Scepticism and Animal Faith* de George Santayana.

Universidade de Harvard, Junho de 1927

A.N.W.

CAPÍTULO I

1. *Tipos de Simbolismo*

A mais superficial inspecção das diferentes épocas da civilização revela grandes diferenças na sua atitude relativamente ao simbolismo. Por exemplo, durante o período medieval europeu, o simbolismo parecia dominar as imaginações dos homens. A arquitectura era simbólica, o cerimonial era simbólico, e simbólica era também a heráldica. Com a reforma, surgiu uma reacção. Os homens tentaram dispensar os símbolos como «coisas sem base, inutilmente inventadas», e concentraram-se na sua apreensão directa dos últimos factos.

Mas semelhante simbolismo encontra-se na franja da vida. Tem um elemento inessencial na sua constituição. O facto real de ele se poder adquirir numa época e de se pôr de lado noutra dá testemunho da sua natureza superficial.

Há tipos mais profundos de simbolismo, artificiais em certo sentido e, no entanto, tais que não os podemos dispensar. A linguagem escrita ou falada é um desses simbolismos. O simples som de uma palavra, ou a sua configuração no papel, é indiferente. A palavra é um símbolo e o seu significado é constituído pelas ideias, imagens e emoções que suscitam na mente do ouvinte. Há uma outra espécie de linguagem, apenas uma linguagem escrita, que é constituída pelos símbolos matemáticos da ciência da álgebra. De certo modo, estes símbolos são diferentes dos da linguagem comum porque a manipulação dos símbolos algébricos faz o raciocínio em nossa vez, contanto que observemos as regras algébricas. Uma coisa assim não acontece com a linguagem comum. Nunca podemos esquecer o significado da linguagem e confiar na mera sintaxe para nos ajudarmos. De qualquer modo, a linguagem e a álgebra parecem exemplificar tipos de simbolismo mais fundamentais do que as catedrais da Europa medieval.

2. *Simbolismo e Percepção*

Há ainda um outro simbolismo mais básico do que o dos tipos precedentes. Levantamos o olhar e vemos uma forma colorida à nossa frente e dizemos — está aí uma cadeira. Mas o que vimos foi a simples forma colorida. Talvez um artista não tivesse saltado logo para a noção de uma cadeira. Podia ter-se detido na simples contemplação de uma bela cor e de uma bela forma. Mas, os que dentre nós não são artistas sentem-se muito inclinados, sobretudo se estão cansados, a passar imediatamente da percepção da forma colorida para a fruição da cadeira em alguma forma de uso, ou da emoção, ou do pensamento. Facilmente podemos explicar esta passagem pela referência a um encadeamento de difíceis diferenças lógicas, mediante as quais, tendo em consideração as nossas experiências prévias de formas várias e de cores diversas, tiramos a conclusão provável de que estamos na presença de uma cadeira. Sou muito céptico quanto ao carácter qualitativamente superior da mentalidade requerida para ir da forma colorida para a cadeira. Uma razão para tal cepticismo é que o meu amigo artista, que se limitou à contemplação da cor, da forma e da posição, era um homem altamente treinado e adquiriu, a facilidade de ignorar a cadeira à custa de um grande trabalho. Não exigimos um treino elaborado apenas para nos refrearmos de embarcar em intrincadas cadeias de inferência. Semelhante abstinência é apenas demasiado fácil. Uma outra razão para o cepticismo é que, se tivéssemos sido acompanhados por um cãozinho, além do artista, o cão teria imediatamente actuado com a hipótese de uma cadeira e teria saltado para ela de modo a usá-la como tal. Mais uma vez, se o cão se refreasse de uma tal acção, seria porque é um cão muito bem treinado. Por conseguinte, a transição de uma forma colorida para a noção de um objecto que pode usar-se para todo o tipo de finalidades, que nada têm a ver com a cor, parece ser muito natural; e nós — homens e cãezinhos — requeremos treino cuidadoso, se houvermos de refrear-nos de actuar com base nele.

Assim, as formas coloridas parecem ser símbolos para outros elementos da nossa experiência e, quando vemos as formas coloridas, ajustamos as nossas acções a esses outros elementos. O simbolismo que vai dos nossos sentidos para os corpos simbolizados é muitas vezes enganoso. Um habilidoso ajustamento de luzes e de espelhos pode enganar-nos totalmente; e mesmo quando não nos enganamos, só mediante um esforço nos esquivamos ao erro. O simbolismo que vai da apresentação sensível *(sense-presentation)* para os corpos físicos é o mais natural e difundido de todos os modos simbólicos. Não é um mero tropismo ou um automático virar-se, porque homens e cãezinhos muitas vezes não atendem às cadeiras quando as vêem. Também uma túlipa que se vira para a luz tem provavelmente um mínimo de apresentação sensível. Argumentarei com base no pressuposto de que a percepção sensível é sobretudo uma característica dos organismos mais avançados, ao passo que todos os organismos têm experiência da eficácia causal pela qual o seu funcionamento é condicionado pelo meio ambiente.

3. A Propósito da Metodologia

De facto, o simbolismo tem muito a ver com o uso de puras percepções sensíveis no carácter de símbolos para elementos mais primitivos da nossa experiência. Por conseguinte, visto que as percepções sensíveis, de qualquer importância que sejam, são características de organismos qualitativamente superiores, limitarei sobretudo este estudo à influência do simbolismo na vida humana. É um princípio geral que características qualitativamente inferiores se estudam melhor, primeiro, em ligação com organismos também qualitativamente inferiores, nos quais aquelas características não são obscurecidas por tipos mais desenvolvidos de funcionamento. De modo inverso, características qualitativamente superiores deverão estudar-se primeiro em ligação com os organismos em que elas primeiramente atingem a sua plena perfeição.

Naturalmente, como segunda abordagem para descobrir a extensão total das características particulares, queremos conhecer o estádio embrionário da característica de grau superior e os modos como as características qualitativamente inferiores se podem tornar subservientes a tipos superiores de funcionamento.

O século XIX exagerou o poder do método histórico e admitiu como uma coisa natural que toda a característica se deveria estudar apenas no seu estádio embrionário. Assim, por exemplo, «o Amor» foi estudado entre os selvagens e, mais recentemente, entre os anormais.

4. Falibilidade do Simbolismo

Existe uma grande diferença entre simbolismo e conhecimento directo. A experiência directa é infalível. O que experimentámos, experimentámos mas o simbolismo é muito falível, no sentido de que pode induzir acções, sentimentos, emoções e crenças acerca de coisas, que são simples noções sem aquela exemplificação no mundo que o simbolismo nos leva a pressupor. Desenvolverei a tese de que o simbolismo é um facto essencial no modo como funcionamos enquanto resultado do nosso conhecimento directo. Organismos qualitativamente superiores com êxito só são possíveis com a condição de que os seus funcionamentos simbólicos se justifiquem em geral na medida em que se visam problemas importantes. Mas os erros da humanidade brotam igualmente do simbolismo. A tarefa da razão consiste em compreender e purificar os símbolos de que a humanidade depende.

Uma explicação adequada da mentalidade humana exige uma explicação de 1.º como podemos conhecer verdadeiramente, 2.º como podemos errar e 3.º como podemos distinguir criticamente entre verdade e erro. Uma tal explicação exige que distingamos o tipo de funcionamento mental que, por sua natureza, produz um trato imediato com o facto, do tipo de funcionamento que apenas é fidedigno em virtude da sua satisfação de certos critérios fornecidos pelo primeiro tipo de funcionamento.

Sustentarei que o primeiro tipo de funcionamento se chama com justeza «recognição directa», e o segundo tipo «referência simbólica». Esforçar-me-ei, pois, por ilustrar a doutrina de que todo o simbolismo humano, por mais superficial que possa parecer, se deve reduzir em última análise a cadeias desta referência simbólica fundamental, cadeias que por fim ligam os perceptos em modos alternativos de recognição directa.

5. *Definição de Simbolismo*

Após esta explicação preliminar, temos de partir de uma definição formal de simbolismo: a mente humana funciona simbolicamente quando algumas componentes da sua experiência evocam consciência, crenças, emoções e usos, a respeito de outras componentes da sua experiência. O primeiro conjunto de componentes são os «símbolos» e o último conjunto constitui o «significado» dos símbolos. O funcionamento orgânico pelo qual existe uma transição do símbolo para o significado chamar-se-á «referência simbólica».

Esta referência simbólica é o elemento sintético activo fornecido pela natureza do percipiente. Exige um campo fundado em alguma comunidade entre as naturezas do símbolo e do significado. Mas, um tal elemento comum nas duas naturezas não torna por si necessária a referência simbólica nem decide qual será o símbolo e qual será o significado, nem garante que a referência simbólica será imune à produção de erros e de reveses para o percipiente. Devemos conceber a percepção à luz de uma primeira fase na autoprodução de uma ocasião da existência actual.

Em defesa da noção de autoprodução, que promana de alguma fase primária dada, lembraria eu que sem ela não pode haver responsabilidade moral. É o oleiro, e não o cântaro, que é responsável pela forma do cântaro. Uma ocasião actual surge como a reunião num só contexto efectivo de diversas percepções, diversos sentimentos, diversos propósitos e outras actividades diversas que promanam das percepções primárias. Aqui, a actividade é outro nome para autoprodução.

6. *A Experiência como Actividade*

Atribuímos deste modo ao percipiente uma actividade na produção da sua própria experiência, embora o momento da experiência, na sua característica de ser esta única ocasião, nada mais seja do que o próprio percipiente. Assim, pelo menos para o percipiente, a percepção é uma relação interna entre ele próprio e as coisas percebidas.

Na análise, a actividade total implicada na percepção da referência simbólica deve referir-se ao percipiente. Uma tal referência simbólica exige algo em comum entre o símbolo e o significado que pode expressar-se sem referência ao percipiente completo; mas exige igualmente alguma actividade do percipiente que possa considerar-se sem recurso ou ao símbolo particular ou ao seu particular significado. Em si mesmos consdierados, o símbolo e o seu significado não exigem ou que exista uma referência simbólica entre os dois, *ou* que a referência simbólica entre os membros do par tenha de ser mais de um modo do que de outro. A natureza da sua relação não determina em si mesma qual é o símbolo e qual é o significado. Não há componentes da experiência que sejam apenas símbolos ou apenas significados. A referência simbólica mais usual é da componente menos primitiva como símbolo para a mais primitiva como significado.

Esta afirmação é o fundamento de um realismo acabado. Põe de lado qualquer elemento misterioso na nossa experiência que seja simplesmente significado e, por conseguinte, esteja por detrás do véu da percepção directa. Proclama o princípio de que a referência simbólica se mantém entre duas componentes numa experiência complexa, cada qual intrinsecamente capaz de recognição directa. Toda a ausência de uma tal recognição analítica consciente é devida à deficiência na mentalidade por parte de um percipiente comparativamente de grau inferior.

7. Linguagem

Para exemplificar a inversão de símbolo e significado, consideremos a linguagem e as coisas significadas pela linguagem. Uma palavra é um símbolo, mas uma palavra pode ser escrita ou falada. Ora, em certas ocasiões uma palavra escrita pode sugerir a correspondente palavra falada e este som pode sugerir um significado.

Num tal exemplo, a palavra escrita é um símbolo e o seu significado é a palavra falada, e a palavra falada é um símbolo e o seu significado é o significado lexical da palavra, falada ou escrita.

Mas, muitas vezes, a palavra escrita consegue o seu propósito sem a intervenção da palavra falada. Por conseguinte, então, a palavra escrita simboliza directamente o significado lexical. Mas, a experiência humana é tão flutuante e complexa que, em geral, nenhum destes casos é exemplificado do modo incisivo aqui delineado. Muitas vezes, a palavra escrita sugere a palavra falada e também o significado, e a referência simbólica torna--se mais clara e mais definida pela referência adicional da linguagem falada ao mesmo significado. De modo análogo, podemos partir da linguagem falada, que pode evocar uma percepção visual da palavra escrita.

Além disso, porque é que dizemos que a palavra «árvore» — falada ou escrita — é um símbolo para árvores? A própria palavra e as próprias árvores entram na nossa experiência em condições semelhantes; e, vendo a questão em abstracto seria justamente tão razoável para as árvores simbolizar a palavra «árvore» como para a palavra simbolizar as árvores.

Isto é certamente verdadeiro, e a natureza humana age por vezes deste modo. Por exemplo, se alguém é poeta e deseja escrever uma poesia lírica sobre árvores, irá para a floresta, de maneira a que as árvores lhe possam sugerir as palavras apropriadas. Deste modo, para o poeta no seu êxtase — ou, talvez, agonia — da composição, as árvores são os símbolos e as palavras são o significado. Concentra-se nas árvores, a fim de chegar às palavras.

Mas, na maioria, não somos poetas, embora leiamos as suas poesias líricas com o respeito devido. Para nós, as palavras são símbolos que nos permitem apreender o arrebatamento do poeta na floresta. O poeta é uma pessoa para quem os aspectos visuais e os sons e as experiências emocionais se referem simbolicamente a palavras. Os leitores do poeta são pessoas para as quais as suas palavras se referem simbolicamente aos aspectos visuais, aos sons e às emoções que ele quer evocar. Assim, no uso da linguagem, existe uma dupla referência simbólica: — das coisas para as palavras, por parte do falante, e das palavras para as coisas, por parte do ouvinte.

Quando num acto de experiência humana existe uma referência simbólica, há, em primeiro lugar, dois conjuntos de componentes com alguma relação objectiva entre si e esta relação variará grandemente em exemplos diferentes. Em segundo lugar, a constituição total do percipiente tem de efectuar a referência simbólica desde um conjunto de componentes, os símbolos, para o outro conjunto de componentes, o significado. Em terceiro lugar, a questão sobre qual o conjunto de componentes que forma os símbolos e qual o conjunto que constitui o significado depende, pois, da peculiar constituição desse acto de experiência.

8. *A Imediatidade Presentacional*

Já se aludiu à exemplificação mais fundamental do simbolismo na discussão sobre o poeta e as circunstâncias que evocam a sua poesia. Temos, aqui, um exemplo particular da referência das palavras às coisas. Mas esta relação geral das palavras às coisas é apenas um exemplo particular de um facto ainda mais geral. A nossa percepção do mundo externo divide-se em dois tipos de conteúdo: um tipo é a apresentação imediata familiar do mundo contemporâneo por meio da projecção das nossas sensações imediatas, que determinam para nós as características das entidades físicas actuais. Este tipo é a experiência do mundo imediato à nossa volta, um mundo ordenado por dados sensíveis que dependem dos estados imediatos das partes relevantes dos nossos próprios corpos. A fisiologia estabelece este último facto de um modo conclusivo; mas os pormenores fisiológicos são irrelevantes para a presente discussão filosófica, e apenas confundem o problema. «Dado sensível» *(sense-datum)* é um termo moderno: Hume usa a palavra «impressão».

Para os seres humanos, este tipo de experiência é vivo e é especialmente distinto na sua exibição das regiões e relações espaciais dentro do mundo contemporâneo.

A linguagem familiar que tenho usado ao falar da «projecção das nossas sensações» é muito enganadora. Não há sensações brutas que são primeiramente experimentadas e, em seguida, «projectadas» nos nossos pés como seus sentimentos ou na parede oposta como sua cor. A projecção é uma parte integrante da situação, tão original como os dados sensíveis. Seria tão exacto e igualmente enganador falar de uma projecção na parede que é, então, caracterizada como de tal e de tal cor. O uso do termo «parede» é igualmente enganador pela sua sugestão de informação derivada simbolicamente de um outro modo de percepção. A assim chamada «parede», desvelada no puro modo da imediatidade presentacional, contribui também para a nossa experiência só sob a aparência da extensão espacial, combinada com a perspectiva espacial e ainda com os dados sensíveis que, neste exemplo, se reduzem apenas à cor.

Digo que a «própria» parede contribui sob esta aparência, em vez de dizer que ela fornece estas características universais por meio de uma combinação. Pois, as características são combinadas pela sua exposição de uma coisa num mundo comum que nos inclui também a nós, coisa essa que eu chamo a «parede». A nossa percepção não se confina a características universais; não percepcionamos a cor ou a extensão fora de qualquer corpo: percepcionamos a cor e a extensão *da parede*. O facto experimentado é «a cor na parede para nós». Assim, a cor e a perspectiva espacial são elementos abstractos, que caracterizam o modo concreto como a parede se integra na nossa experiência. São, pois, elementos relacionais entre o «percipiente nesse momento» e essa outra entidade igualmente efectiva, ou conjunto de entidades, que chamamos a «parede nesse momento». Mas, a simples cor e a simples perspectiva espacial são entidades muito abstractas, porque só se chega a elas pondo de lado a relação concreta entre a parede nesse momento e o percipiente nesse momento. A relação concreta é um facto físico que pode ser absolutamente inessencial para a parede e muito essencial para o percipiente. A relação espacial é de igual modo essencial para a parede e para o percipiente: mas o aspecto colorido da relação é nesse momento indiferente para a parede, embora seja parte da constituição do percipiente. Neste sentido, e sujeitos à sua relação espacial, os eventos contemporâneos acontecem de modo independente. Chamo a este tipo de experiência «imediatidade presentacional» *(presentational immediacy)*. Ela exprime como eventos contemporâneos são relevantes uns para os outros e, no entanto, preservam uma mútua independência. Esta relevância no meio da independência é a característica peculiar da contemporaneidade. A imediatidade presentacional só é importante em organismos qualitativamente superiores e é um facto físico que pode ou não entrar na consciência. Uma tal entrada dependerá da atenção e da actividade do funcionamento conceptual por meio do qual a experiência física e a imaginação conceptual se fundem no conhecimento.

9. A Experiência Perceptiva

A palavra «experiência» é uma das mais enganadoras na filosofia. A sua discussão adequada deveria ser o tópico de um tratado. Na minha análise, posso apenas indicar aqueles elementos seus que são relevantes para o presente encadeamento de ideias.

A nossa experiência, na medida em que concerne primeiramente à recognição directa de um mundo sólido de outras coisas que são actuais no mesmo sentido em que nós efectivamente somos, tem três modos principais e independentes, cada um deles proporcionando o seu quinhão de componentes à nossa elevação individual a um momento concreto da experiência humana. A dois destes modos de experiência chamá-los-ei perceptivos, e ao terceiro chamá-lo-ei o modo de análise conceptual. Em relação à pura percepção, chamo a um dos dois tipos em questão um modo de «imediatidade presentacional», e ao outro o modo de «eficácia causal». Tanto a «imediatidade presentacional» como a «eficácia causal» introduzem na experiência humana componentes que, de novo, são analisáveis em coisas efectivas do mundo real e em atributos, qualidades e relações abstractas que exprimem o modo como também essas outras coisas actuais contribuem, como componentes, para a nossa experiência individual. Estas abstracções exprimem como outras actualidades são, para nós, objectos componentes. Por conseguinte, direi que «objectificam» para nós as coisas actuais que existem no nosso «meio ambiente». O nosso meio mais imediato é constituído pelos vários órgãos dos nossos próprios corpos. O nosso meio mais remoto é o mundo físico à nossa volta. Mas, a palavra «meio ambiente» *(environment)* significa as outras coisas actuais que são «objectivadas» de um modo importante, de maneira a formar os elementos componentes da nossa experiência individual.

10. *A Referência Simbólica
na Experiência Perceptiva*

Dos dois distintos modos perceptivos, um modo «objectiva» as coisas actuais sob a forma da imediatidade presentacional, e o outro modo, que ainda não discuti, «objectiva»-as sob a forma da eficácia causal. A actividade sintética pela qual estes dois modos se fundem numa percepção é o que eu chamei a «referência simbólica». Mediante a referência simbólica, as várias actualidades desveladas respectivamente pelos dois modos identificam-se ou, pelo menos, correlacionam-se conjuntamente como elementos interligados no nosso meio ambiente. Assim, o resultado da referência simbólica é o que o mundo actual para nós é enquanto dado da nossa experiência produtiva de sentimentos, emoções, satisfações, acções e, por fim, como tópico para a recognição consciente, quando a nossa mentalidade intervém com a sua análise conceptual. «A recognição directa» é a recognição consciente de um percepto num modo puro, desprovido de referência simbólica.

A referência simbólica *(symbolic reference)* pode ser, sob muitos aspectos, errónea. Quero com isto dizer que alguma «recognição directa» discorda, na sua relação ao mundo actual, da recognição consciente do produto fundido resultante da referência simbólica. Assim, o erro é primariamente o produto da referência simbólica e não da análise conceptual. Por isso, a referência simbólica em si mesma não é primordialmente o resultado da análise conceptual, embora seja por ela grandemente fomentada. Pois, a referência simbólica é ainda dominante na experiência quando uma tal análise mental está ainda em baixo. Todos conhecemos a fábula de Esopo onde um cão deixou cair um pedaço de carne por querer abocanhá-lo no seu reflexo na água. Não devemos, porém, julgar demasiado severamente o erro. Nos estádios iniciais do progresso mental, o erro na referência simbólica é a disciplina que promove a liberdade imaginativa. O cão de Esopo perdeu a sua carne, mas avançou um passo no caminho para uma imaginação livre.

Assim, a referência simbólica deve explicar-se antecedentemente à análise conceptual, embora exista uma forte interacção entre as duas, pela qual se fomentam uma à outra.

11. *O Mental e o Físico*

Sob pretexto de sermos tão inteligíveis quanto possível, poderíamos tacitamente atribuir a referência simbólica à actividade mental e, deste modo, evitar um explicação pormenorizada. É uma questão de pura conveção qual das nossas actividades experienciais denominamos mental e qual a que chamamos física. Pessoalmente, prefiro restringir a mentalidade às actividades experienciais que incluem conceitos além de perceptos, mas, grande parte da nossa percepção deve-se à subtileza encarecida que promana de uma análise conceptual concorrente. Assim, de facto, não há que traçar uma linha adequada entre a constituição física e mental da experiência. Mas, não existe nenhum conhecimento consciente separado da intervenção da mentalidade sob a forma de análise conceptual.

Mais tarde, será necessário fazer uma breve referência à análise conceptual; mas, por agora, devo supôr a consciência e a sua análise parcial da experiência e regressar aos dois modos da percepção pura. O que eu quero aqui acentuar é que a razão por que os organismos puramente físicos de grau inferior não podem fazer erros não é, em primeiro lugar, a sua ausência de pensamento, mas a sua ausência de imediatidade presentacional. O cão de Esopo, que era um mísero pensador, cometeu um erro em virtude de uma errónea referência simbólica da imediatidade presentacional à eficácia causal. Em suma, a verdade e o erro habitam no mundo em virtude da síntese: toda a coisa actual é sintética: e a referência simbólica é uma forma primitiva de actividade sintética pela qual aquilo que é actual promana das suas fases dadas.

12. *Os Papéis dos Dados Sensíveis e do Espaço na Imediatidade Presentacional*

Por «imediatidade presentacional» significo o que, de modo habitual, se chama «percepção sensível». Mas, emprego o primeiro termo com limitações e extensões que são estranhas ao uso comum do último termo.

A imediatidade presentacional é a nossa percepção imediata do mundo externo contemporâneo, que aparece como um elemento constitutivo da nossa própria experiência. Nesta aparência, o mundo desvela-se a si mesmo como uma comunidade de coisas actuais, que são actuais no mesmo sentido em que nós também somos.

Esta aparência é levada a cabo pela mediação de qualidades como cores, sons, sabores, etc; que, com igual verdade, se podem descrever como sensações nossas ou como as qualidades das coisas actuais que percepcionamos. Tais qualidades são assim relacionais entre o sujeito percipiente e as coisas percebidas. Deste modo, só podem isolar-se abstraindo-as da sua implicação no esquema da ligação espacial recíproca das coisas percebidas e com o sujeito percipiente. Esta relacionalidade da extensão espacial é um esquema completo, imparcial, entre o observador e as coisas percebidas. É o esquema da morfologia dos organismos complexos que formam a comunidade do mundo contemporâneo. A maneira como cada organismo físico actual entra na constituição dos seus contemporâneos tem de conformar-se com este esquema. Assim, os dados sensíveis como cores, etc., ou sentimentos corporais, introduzem as entidades físicas extensas na nossa experiência sob perspectivas fornecidas por este esquema espacial. As relações espaciais são por si mesmas abstracções genéricas e os dados sensíveis são abstracções genéricas. Mas, as perspectivas dos dados sensíveis fornecidos pelas relações espaciais são as relações específicas por meio das quais as coisas contemporâneas externas são, até este ponto, parte da nossa experiência. Os organismos contemporâneos, assim introduzidos como «objectos» na experiência, incluem os vários órgãos do nosso corpo e os dados sensíveis chamam-se, pois, sentimentos corporais. Os orgãos corporais e as outras coisas externas, que fazem importantes contribuições a este modo da nossa percepção, formam conjuntamente o meio ambiente contemporâneo do organismo percipiente. Os principais factos acerca da imediatidade presentacional são: 1.º — que os dados sensíveis implicados dependem do organismo percipiente e das suas relações espaciais com os organismos percebidos; 2.º — que o mundo contemporâneo é exibido como extenso e como um conjunto pleno de organismo; 3.º — que a imediatidade presentacional é um factor importante na experiência de apenas alguns poucos organismos qualitativamente superiores e que, para os outros, é embrionário ou inteiramente negligenciável.

Assim, o desvelamento do mundo contemporâneo pela imediatidade presentacional está ligado ao desvelamento da solidariedade das coisas actuais em virtude da sua participação num sistema imparcial de extensão espacial. Além disso, o conhecimento fornecido pela pura imediatidade presentacional é vivo, preciso e estéril. É também, em grande parte, controlável à vontade. Quero dizer que um momento da experiência pode predeterminar, em grau considerável, mediante inibições, intensificações ou outras modificações, as características da imediatidade presentacional em subsequentes momentos da experiência. Este modo de percepção tomado puramente em si mesmo é estéril, porque não podemos ligar directamente as apresentações qualitativas de outras coisas com quaisquer características intrínsecas dessas coisas. Vemos a imagem de uma cadeira colorida, apresentando-nos o espaço por detrás dum espelho; contudo, não adquirimos assim conhecimento algum acerca de quaisquer características intrínsecas dos espaços por detrás do espelho. Mas, a imagem assim vista num bom espelho é uma apresentação tão imediata da cor que qualifica o mundo à distância por detrás do espelho como o é a nossa visão directa da cadeira, quando nos viramos e para ela olhamos. A pura imediatidade presentacional recusa-se a ser dividida em ilusões e não ilusões. É tudo ou é nada, uma apresentação imediata de um mundo contemporâneo externo como espacial e por direito próprio. Os dados dos sentidos implicados na imediatidade presentacional têm uma relação mais ampla no mundo do que essas coisas contemporâneas podem expressar. Na abstracção desta relação mais ampla, não há maneira de determinar a importância da qualificação aparente dos objectos contemporâneos pelos dados dos sentidos. Por esta razão, a expressão «mera aparência» veicula a sugestão de esterilidade. Essa relação mais ampla dos dados sensíveis pode apenas entender-se mediante o exame do modo alternativo da percepção, isto é, do modo da eficácia causal. Mas, na medida em que as coisas contemporâneas se mantêm conexas pela simples imediatidade presentacional, ocorrem em independência total excepto para as suas relações espaciais, no momento. Por isso, para a maior parte dos eventos, presumimos que a sua experiência intrínseca da imediatidade presentacional é tão embrionária que se pode negligenciar. Este modo perceptivo é importante apenas para uma pequena minoria dos organismos elaborados.

13. *Objectivação*

Na explicação da imediatidade presentacional, conformo-me com a distinção segundo a qual as coisas actuais estão *objectivamente* na nossa experiência e existem *formalmente* na sua própria integridade. Assevero que a imediatidade presentacional é um modo peculiar em que as coisas contemporâneas estão «objectivamente» na nossa experiência e que, entre as entidades abstractas que constituem factores no modo da introdução, estão as abstracções habitualmente chamadas dados sensíveis: — por exemplo, cores, sons, sabores, toques e sentimentos corporais. Assim, a própria «objectivação» é uma abstracção, já que nenhuma coisa actual se «objectiva» na sua integridade «formal». A abstracção exprime o modo de natureza da interacção e não é unicamente mental. Quando abstrai, o pensamento está simplesmente a conformar-se com a natureza — ou antes, está a exibir-se como elemento da natureza. A síntese e a análise requerem-se uma à outra. Uma tal concepção é paradoxal, se continuarmos a pensar o mundo actual como uma colecção de substâncias actuais passivas, com as suas características ou qualidades privadas. Nesse caso, deve ser absurdo perguntar como é que uma tal substância pode formar uma componente na constituição de uma outra tal substância. Enquanto se mantiver semelhante concepção, a dificuldade não é atenuada pelo facto de se chamar a cada substância actual um evento, ou uma configuração, ou uma ocasião. A dificuldade que para uma tal concepção se levanta é explicar como as substâncias podem estar actualmente conjuntas num sentido derivativo daquele em que cada substância individual é actual. Mas, a concepção do mundo aqui adoptada é a da actividade funcional. Por ela quero eu dizer que toda a coisa actual é algo em virtude da sua actividade; pelo que a sua natureza consiste na sua relevância para outras coisas e a sua individualidade consiste na sua síntese de outras coisas, enquanto são para ela relevantes. Ao realizarmos uma inquirição acerca de qualquer indivíduo, devemos perguntar como é que os outros indivíduos entram «objectivamente» na unidade da sua própria experiência. A unidade da sua própria experiência é o indivíduo existindo *formalmente*. Devemos, pois, inquirir como é que ele entra na existência «formal» das outras coisas; e esta entrada é o indivíduo existindo *objectivamente*, isto é — existindo abstractamente, exemplificando apenas alguns elementos no seu conteúdo formal.

Com esta concepção do mundo, ao falarmos de qualquer indivíduo actual como, por exemplo, um ser humano, devemos significar esse homem numa ocasião da sua experiência. Uma tal ocasião ou acto é complexa e, por conseguinte, capaz de análise em fases e outros componentes. É a entidade actual mais concreta, e a vida do homem desde o nascimento à morte é um itinerário histórico de tais ocasiões. Estes momentos concretos encontram-se juntos numa sociedade por uma identidade parcial de forma e pela adição peculiarmente plena dos seus predecessores, que cada momento da história vital em si reúne. O homem-num-momento concentra em si mesmo a cor do seu próprio passado e é dele resultado. O «homem na sua plena história vital» é uma abstracção comparada com o «homem-num-tal--momento». Há, pois, três diferentes significados para a noção de um homem particular — Júlio César, por exemplo. A palavra «César» pode significar «César em alguma ocasião da sua existência»: eis o mais concreto de todos os significados. A palavra «César» pode significar «César em alguma ocasião da sua existência»: eis o mais concreto de todos os signifcados. A palavra «César» pode significar «o itinerário histórico da vida de César, desde o seu nascimento cesário até ao seu assassinato cesário». A palavra «César» pode significar «a forma comum, ou configuração, repetida em cada ocasião da vida de César». Pode legitimamente escolher--se qualquer um destes significados; mas, quando se fez uma escolha, deve aderir-se a ela no próprio contexto.

A doutrina da natureza da história vital de um organismo durável vale para todos os tipos de organismos que atingiram a unidade da experiência, tanto para os electrões como para os homens. Mas a humanidade conseguiu uma riqueza de conteúdo experiencial negada aos electrões. Sempre que se verifica o princípio do «tudo ou nada», estamos de certo modo lidando com uma entidade actual e não com uma sociedade de tais entidades, nem com a análise das componentes que contribuem para uma tal entidade.

Esta lição defendeu a doutrina de uma experiência directa de um mundo externo. É impossível discutir plenamente esta tese sem me afastar demasiado do meu tópico. Preciso apenas de referir a primeira parte do livro recente de Santayana, *Scepticism and Animal Faith*, para uma prova conclusiva do fútil «solipsismo do momento presente» — ou, por outras palavras, «cepticismo extremo» — que resulta duma negação deste pressuposto. A minha segunda tese, para a qual não posso reivindicar a autoridade de Santayana é que, se defendermos consistentemente uma tal experiência individual directa, seremos levados, na nossa construção filosófica, para uma concepção do mundo como interacção de actividade funcional, pela qual cada coisa individual concreta promana da sua relatividade determinada ao mundo constituído por outros indivíduos concretos, pelo menos na medida em que o mundo é passado e está constituído.

CAPÍTULO II

1. Hume acerca da Eficácia Causal

A tese desta obra é que o simbolismo humano tem a sua origem na interacção simbólica entre dois modos distintos da percepção directa do mundo externo. Há, assim, duas fontes de informação acerca do mundo externo, intimamente ligadas mas distintas. Estes modos não se repetem um ao outro; existe uma diversidade real de informação. Onde um é vago, o outro é preciso; onde um é importante, o outro é trivial. Mas os dois esquemas de apresentação têm elementos estruturais em comum que os identificam como esquemas de apresentação do mesmo mundo. Há, no entanto, hiatos na determinação da correspondência entre as duas morfologias. Os esquemas só parcialmente se interceptam e a sua verdadeira fusão fica indeterminada. A referência simbólica leva a uma transferência da emoção, do propósito e da crença, que não pode justificar-se por uma comparação intelectual da informação directa derivada dos dois esquemas e dos seus elementos de intersecção. A justificação, tal como é, deve procurar--se num apelo pragmático ao futuro. Deste modo, a crítica intelectual baseada na experiência subsequente pode alargar e purificar a primitiva transferência simbólica ingénua.

Chamei a um modo perceptivo «a imediatidade presentacional», e ao outro modo a «eficácia causal». Na lição anterior, o modo da imediatidade presentacional foi discutido com extensão. A presente lição deve começar com a discussão da «eficácia causal». Tornar-se-á evidente que estou aqui a rebater a mais acalentada tradição da filosofia moderna, partilhada de igual modo pela escola dos empiristas, que deriva de Hume, e pela escola dos idealistas transcendentais, que promana de Kant. Não é necessário entrar em qualquer justificação prolongada desta explicação sumária da tradição da Filosofia moderna. Mas, algumas citações condensarão com simplicidade o que é partilhado em comum pelos dois tipos de pensamento, de que me afasto. Hume [*] escreve: «Quando os objectos estão presentes aos sentidos juntamente com a relação, chamamos a *esta* percepção mais do que raciocínio; nem há, neste caso, qualquer exercício do pensamento, ou qualquer acção, falando com propriedade, mas uma mera admissão passiva das impressões através dos órgãos da sensação. Segundo este modo de pensamento, não devíamos receber como raciocínio qualquer das observações que fazemos acerca da *identidade* e da *relação* de *tempo* e *espaço*; visto que em nenhuma delas a mente pode ir além do que está imediatamente presente aos sentidos, descobrir a existência real ou as relações de objectos».

Toda a força desta passagem depende da pressuposição tácita da «mente» como uma substância passivamente receptiva e da sua «impressão» como formando o seu mundo privado de acidentes. Nada, então, resta a não ser a imediatidade dos atributos privados com as suas relações privadas, que são também atributos da

---

[*] *Treatise*, Parte III, Secção II.

mente. Hume repudia explicitamente a concepção substancial da mente. Mas, então, qual é a força da última cláusula da última frase «visto que... objectos?» A única razão para dispensar as «impressões» de terem qualquer força demonstrativa a respeito da «existência *real* ou das relações de objectos» é a noção implícita de que tais impressões são meros atributos privados da mente. O livro de Santayana, *Scepticism and Animal Faith* a que já aludi, nos seus primeiros capítulos insiste com força e com minúcia, à maneira de bela ilustração, em que, com as premissas de Hume, não é possível subtrair-se à eliminação de qualquer referência da identidade, do tempo e do lugar, a um mundo real. Resta apenas o que Santayana chama «solipsismo do momento presente». Mesmo a memória se esvanece; pois uma impressão mnésica não é uma impressão da memória. É unicamente outra impressão privada imediata.

Não é necessário citar Hume a propósito da causação; pois a citação precedente traz consigo toda a sua posição céptica. Mas, é necessária uma citação * acerca da substância para explicar o fundamento da sua doutrina explícita — enquanto distinta de pressupostos implícitos esporádicos — acerca deste ponto: — «De bom grado perguntaria aos filósofos, que tantos dos seus raciocínios fundaram na distinção entre substância e acidente e imaginam que de cada um deles temos ideias claras, se a ideia de substância procede das impressões de sensação ou reflexão. Se nos é transmitida pelos sentidos, pergunto, qual deles e de que modo? Se for percepcionada pelos olhos, deve ser uma cor; se pelos ouvidos, um som; se pelo gosto, um sabor; e assim também acerca dos outros sentidos. Mas creio que nenhum deles afirmará que a substância é uma cor, ou um som, ou um sabor. Por conseguinte, a ideia de substância deve provir duma impressão de reflexão, se é que realmente

---

* Cf. *Treatise*, Parte I, Secção VI.

existe. Mas, as impressões de reflexão decompõem-se nas nossas paixões e emoções; e nenhuma destas pode possivelmente representar uma substância. Por conseguinte, não temos ideia alguma de substância distinta da de um conjunto de qualidades particulares, nem temos qualquer outro significado quando falamos ou raciocinamos a respeito dela.»

Esta passagem refere-se a uma noção de «substância» que eu não sustento. Assim, só indirectamente rebate a minha posição. Cito-a porque é o exemplo mais manifesto dos pressupostos iniciais de Hume de que 1.º — a imediatidade presentacional e as relações entre entidades presentacionalmente imediatas constituem o único tipo de experiências perceptiva, e que 2.º — a imediatidade presentacional não inclui nenhuns factores demonstrativos que desvelem um mundo contemporâneo de coisas actuais extensas.

Hume discute esta questão mais adiante no seu «Tratado», sob o título da noção de «Corpos»; e chega a concepções cépticas análogas. Tais conclusões baseiam-se num pressuposto extraordinariamente ingénuo do tempo como pura sucessão. O pressuposto é ingénuo, porque é a coisa natural a dizer; é natural porque deixa de fora aquela característica do tempo que está de modo tão íntimo entrelaçada que é natural omiti-la.

Conhecemos o tempo como a sucessão dos nossos actos de experiência e, por este motivo, derivativamente como a sucessão de eventos percebidos objectivamente nesses actos. Mas tal sucessão não é pura sucessão; é a derivação de estado para estado, com o último estado a exibir conformidade com o antecedente. O tempo no concreto é a conformação de estado a estado, do último ao primeiro; e a pura sucessão é uma abstracção desde a relação irreversível do passado estabelecido com o presente derivativo. A noção de pura sucessão é análoga à noção de cor. Não existe a mera cor, mas sempre alguma cor particular como o vermelho ou azul: analogamente, não existe a pura sucessão, mas sempre algum fundamento relacional particular a respeito do qual os termos se sucedem um ao outro. Os números inteiros sucedem-se uns aos outros de um modo e os eventos sucedem-se reciprocamente de outro modo; e, quando abstraímos do modo de sucessão, descobrimos que a pura sucessão é uma abstracção de segunda ordem, uma abstracção genérica, que omite o carácter temporal do tempo e a relação numérica dos números inteiros. O passado consiste na comunidade de actos estabelecidos que, mediante as suas objectivações no acto presente, estabelece as motivações a que este acto se deve conformar.

Aristóteles concebeu a «matéria» — ὕλη — como pura potencialidade que aguarda a chegada da forma para se tornar actual. Por isso, utilizando as noções aristotélicas, podemos dizer que a limitação da pura potencialidade, estabelecida pelas «objectivações» do passado estabelecido, exprime a «potencialidade natural» — ou potencialidade na natureza — que é a matéria com a base da forma inicial realizada, pressuposta como a primeira fase na auto-criação da ocasião presente. A noção de «pura potencialidade» toma aqui o lugar da «matéria» de Aristóteles e a «potencialidade natural» é a «matéria» com aquela imposição de forma dada, a partir da qual emerge cada coisa actual. Todas as componentes que são *dadas* para a experiência devem encontrar-se na análise da potencialidade natural. Assim, o presente imediato tem de conformar-se com aquilo que o passado é para ele e o simples lapso de tempo é uma abstracção a partir da relacionalidade mais concreta da «conformação». O carácter «substancial» das coisas actuais não se refere primariamente à predicação das qualidades. Expressa o facto renitente de seja o que for que esteja estabelecido e actual deve, na devida medida, ser conformado pela actividade auto-criativa. A expressão «facto renitente» exprime, exactamente, a apreensão popular desta característica. A sua fase primeira, a partir da qual surge cada coisa actual, é o facto renitente que subjaz à sua existência. Segundo Hume, não há factos renitentes. A doutrina de Hume pode ser boa filosofia, mas não é certamente senso comum. Por outras palavras, fracassa antes do teste final da verificação óbvia.

2. *Kant e a Eficácia Causal*

A escola dos idealistas transcendentais, derivada de Kant, admite que a eficácia causal é um factor no mundo fenomenal; mas, sustentou que não pertence aos simples dados pressupostos na percepção. Pertence aos nossos modos de pensamento acerca dos dados. A nossa consciência do mundo percebido produz um sistema objectivo, que é uma fusão dos simples dados e modos de pensamento acerca desses dados.

A razão kantiana geral para esta posição é que a percepção directa nos familiariza com um facto particular. Ora, o facto particular é o que simplesmente ocorre como dado particular. Mas acreditamos em princípios universais acerca de todos os factos particulares. Um tal conhecimento universal não pode provir de qualquer selecção de factos particulares, cada um dos quais simplesmente ocorreu. Assim, a nossa crença inextirpável explica-se apenas em virtude da doutrina de que os factos particulares, enquanto conscientemente apreendidos, constituem a fusão de dados particulares simples com o pensamento, funcionando segundo categorias que introduzem a sua própria universalidade nos dados modificados. Assim, o mundo fenomenal, enquanto na consciência, é um complexo de juízos coerentes construídos segundo categorias fixas do pensamento e com um conteúdo constituído pelos dados organizados de acordo com formas fixas da intuição.

A doutrina kantiana aceita o pressuposto ingénuo de Hume da «simples ocorrência» para os meros dados. Chamei-lhe, noutro lugar, a suposição de «simples localização», mediante a sua aplicação ao espaço e ao tempo.

Eu recuso directamente esta doutrina da «ocorrência simples». Nada há que «simplesmente aconteça». Uma tal crença é a doutrina sem base do tempo enquanto «pura sucessão». A doutrina alternativa, de que a pura sucessão do tempo é apenas algo abstraído da relação fundamental de conformação, acaba com toda a base para a intervenção do pensamento constitutivo, ou a intuição constitutiva, na formação do mundo directamente apreendido. A universalidade da verdade brota da universalidade da relatividade, pela qual toda a coisa actual particular põe sobre o universo a obrigação de com ela se conformar. Assim, na análise do facto particular, podem descobrir-se verdades universais, verdades essas que exprimem aquela obrigação. O carácter que a experiência tem de ser dada — isto é, todos os seus dados, quer sejam verdades gerais ou elementos sensíveis particulares, ou formas pressupostas de síntese — exprime o carácter específico da relação temporal do acto de experiência com a actualidade estabelecida do universo, que é a fonte de todas as condições. A falácia da «concreção deslocada» abstrai do tempo este carácter específico e deixa o tempo com o simples carácter genérico de pura sucessão.

3. *Percepção directa da Eficácia Causal*

Os seguidores de Hume e os seguidores de Kant têm assim as suas objecções diversas, mas combinadas, à noção de toda a percepção directa da eficácia causal, no sentido em que a percepção directa antecede o pensamento a seu respeito. Ambas as escolas acham que a «eficácia causal» é a introdução nos dados de um modo de pensar ou julgar acerca desses dados. Uma das escolas chama-a um hábito do pensamento; a outra, chama-a uma categoria do pensamento. Por isso, para elas, os simples dados são os puros dados dos sentidos.

Se Hume ou Kant fornecessem uma explicação adequada do estatuto da eficácia causal, deveríamos descobrir que a nossa apreensão directa da eficácia causal dependeria, até certo ponto, da vivacidade do pensamento ou da pura discriminação intuitiva dos dados sentidos no momento em questão. Pois, uma apreensão, que é o produto do pensamento, deve diminuir em importância quando o pensamento se encontra em segundo plano. Por isso, segundo a explicação humio-kantiana, o pensamento em questão é pensamento acerca dos dados sensíveis imediatos. Por consequência, uma certa vivacidade dos dados dos sentidos na apresentação imediata deveria favorecer a apreensão da eficácia causal. Pois, segundo tais explicações, a eficácia causal nada mais é do que um modo de pensamento acerca dos dados dos sentidos fornecidos na imediatidade presentacional. Assim, a inibição do pensamento e a vaguidade dos dados dos sentidos deveria ser extremamente desfavorável à proeminência da eficácia causal, enquanto elemento da experiência.

As dificuldades lógicas que assistem a percepção directa da eficácia causal dependem, como se mostrou, da pura suposição de que o tempo é meramente a noção genérica da sucessão pura. Eis um exemplo da falácia da «concreção deslocada». Encontra-se, assim, agora aberto o caminho para inquirir empiricamente se, de facto, a nossa apreensão da eficácia causal depende da vivacidade dos dados dos sentidos ou da actividade do pensamento.

Segundo as duas escolas, a importância da eficácia causal e da acção que exemplifica a sua pressuposição deveria, sobretudo, ser característica de organismos qualitativamente superiores nos seus melhores momentos. Ora, se confinarmos a atenção à identificação de longo alcance da causa e do efeito, que depende do raciocínio complexo, exigem-se, sem dúvida, uma tal mentalidade de grau superior e uma tal determinação precisa dos dados sensíveis. Mas cada passo, em semelhante raciocínio, depende da pressuposição primária do momento presente imediato que se conforma ao meio estabelecido do passado imediato. Não devemos dirigir a atenção para as inferências de ontem para hoje ou, mesmo, de há cinco minutos para o presente imediato. Devemos considerar o presente imediato na sua relação com o passado imediato. A conformação esmagadora do facto, na acção presente, com o facto estabelecido antecedente deve aqui encontrar-se.

O ponto que quero salientar é que a conformação do facto presente com o passado imediato é mais proeminente no comportamento aparente e na consciência, quando o organismo é de grau inferior. Uma flor vira-se para a luz com muito maior certeza do que o faz um ser humano, e uma pedra conforma-se com as condições estabelecidas pelo seu meio externo com muito maior certeza do que uma flor. Um cão antecipa a conformação do futuro imediato com a sua actividade presente com a mesma certeza que um ser humano. Quando se lida com cálculos e com inferências remotas, o cão falha. Mas o cão nunca actua como se o futuro imediato fosse irrelevante para o presente. A irresolução na acção brota da consciência de um futuro relevante um tanto distante, combinada com a incapacidade de avaliar o seu tipo preciso. Se não tivéssemos consciência da relevância, porque existe, então, a irresolução numa súbita crise?

Mais uma vez, uma fruição viva dos dados sensíveis imediatos inibe notavelmente a apreensão da relevância do futuro. O momento presente é, então, tudo em tudo. Na nossa consciência, ela aproxima-se da «ocorrência simples».

Certas emoções, como a cólera e o terror, são aptas para inibir a apreensão dos dados dos sentidos; mas dependem totalmente de uma apreensão viva da relevância do passado imediato para o presente e do presente para o futuro. Mais uma vez, uma inibição dos dados sensíveis familiares provoca o sentimento terrificante de presenças vagas, eficazes para o bem ou para o mal, sobre o nosso destino. A maior parte das criaturas vivas, de hábitos diurnos, são mais nervosas na escuridão, na ausência dos dados sensíveis visuais familiares, mas, segundo Hume, é precisamente esta familiaridade dos dados sentidos que se requer para a inferência causal. Deste modo, o sentimento de presenças eficazes não vistas na escuridão é o oposto do que deveria acontecer.

4. *Primitividade da Eficácia Causal*

A percepção da conformação com as realidades no meio ambiente é o elemento primitivo da nossa experiência externa. Conformamo-nos com os nossos órgãos corporais e com o mundo impreciso que para além deles reside. A nossa percepção primitiva é a de uma «conformação» de modo vago e dos ainda mais imprecisos correlatos «si mesmo» e «outro» no pano de fundo indescriminado. Naturalmente, se as relações são imperceptíveis, uma tal doutrina deve excluir-se por razões teóricas. Mas, se admitirmos uma tal percepção, então a percepção da conformação tem todas as características de um elemento primitivo. Uma parte da nossa experiência está à mão e é definida na nossa consciência; por isso, é fácil reproduzi-la à vontade. O outro tipo de experiência, embora insistente, é impreciso, obsediante, indisponível. O primeiro tipo, por causa de toda a sua experiência sensível decorativa, é estéril. Ostenta um mundo oculto sob uma exibição adventícia, uma exibição da nossa própria produção corporal. O último tipo está carregado do contacto das coisas passadas, que dominam o nosso si mesmo imediato. Este último tipo, o modo de eficácia causal, é a experiência que domina os organismos vivos primitivos, que têm um sentido do destino de que emergiram e do destino para que se encaminham — os organismos que avançam e recuam, mas dificilmente diferenciam qualquer exibição imediata. É uma experiência pesada, primitiva. O primeiro tipo, a imediatidade presentacional, é o produto superficial da complexidade, da subtileza; agarra-se ao presente e entrega-se a uma auto-fruição manipulável derivada da imediatidade da exibição das coisas. Estes períodos nas nossas vidas, — quando a percepção da pressão de um mundo de coisas com características legítimas, características que moldam misteriosamente as nossas próprias naturezas, se torna mais forte — esses períodos são o produto de uma reversão a um estado primitivo. Semelhante reversão ocorre quando ou um funcionamento primitivo do organismo humano é inabitualmente intensificado, ou uma parte considerável da nossa percepção sensível habitual é, de modo inusual, enfraquecida.

A cólera, o ódio, o medo, o terror, a atracção, o amor, a fome, a avidez, o gozo compacto são sentimentos e emoções intimamente conexas com o funcionamento primitivo do «retraimento de» e da «expansão para». Surgem num organismo superior como estados devidos a uma apreensão viva de que um tal modo primitivo de funcionamento domina o organismo. Mas, o «retraimento de» e a «expansão para», despojados de qualquer discriminação espacial pormenorizada, são simples reacções ao modo como a externalidade imprime em nós o seu próprio carácter. Não podemos retirar-nos da mera subjectividade, pois a subjectividade é o que acarretamos connosco. Normalmente, temos apresentações sensíveis quase negligenciáveis dos órgãos internos dos nossos próprios corpos.

As emoções primitivas são acompanhadas pela recognição mais clara das outras coisas actuais que reagem sobre nós. O vulgar carácter óbvio de uma tal recognição é igual à clareza vulgar produzida pelo funcionamento de qualquer dos nossos cinco sentidos. Quando odiamos, é um homem que odiamos e não uma colecção de dados dos sentidos — um homem causal, eficaz. O carácter óbvio primitivo da percepção da «conformação» é ilustrado pela ênfase no aspecto pragmático das ocorrências, que é tão proeminente no moderno pensamento filosófico. Nenhum aspecto útil de coisa alguma pode haver, a não ser que admitamos o princípio da conformação, pelo qual o que já está feito se torna uma determinante do que está a fazer-se. O carácter óbvio do aspecto pragmático é simplesmente o carácter óbvio da percepção do facto de conformação.

Na prática, nunca pomos em dúvida o facto da conformação do presente com o passado imediato. Ele pertence à última textura da experiência, com a mesma evidência que a imediatidade presentacional. O facto presente é luminosamente o resultado dos seus predecessores, um quarto de segundo antes. Factores insuspeitos podem ter intervindo; pode ter explodido dinamite. Mas, ainda que assim possa ser, o evento presente surge sujeito a limitações que são impostas pela natureza actual do passado imediato. Se o dinamite explode, então o facto presente é este resultado do passado que é consistente com o dinamite a explodir. Além disso, sem hesitar, arguimos retrogradamente para a inferência de que a análise completa do passado deve desvelar nela os factores que fornecem as condições para o presente. Se o dinamite está agora a explodir, então, no passado imediato, havia uma carga de dinamite por explodir.

O facto de que a nossa consciência se confina a uma análise da experiência no presente não constitui dificuldade, porque a teoria da relatividade universal das coisas individuais actuais leva à distinção entre o momento presente da experiência, que é o único dado para a análise consciente, e a percepção do mundo contemporâneo, que é apenas um factor nesse dado.

O contraste entre o vazio comparativo da imediatidade presentacional e o profundo significado desvelado pela eficácia causal está na raiz do 'pathos' que assedia o mundo.

«Pereunt et imputantur»

É a inscrição que se encontra em velhos relógios de sol nas casas «religiosas»: «as horas morrem e são contadas».

Aqui, *pereunt* refere-se ao mundo desvelado na apresentação imediata, jovial com os seus milhares de matizes, transitório e intrinsecamente sem significado. *Imputantur* refere-se ao mundo revelado na sua eficácia causal, onde cada evento afecta as idades futuras para o bem ou para o mal, com a sua própria individualidade. Quase todo o 'pathos' inclui uma referência ao lapso de tempo.

A estrofe final da *Eve of St. Agnes* de Keats começa com estas linhas obsediantes:

«E passaram: sim, há muito tempo já,
os amantes desapareceram no meio da tormenta».

O 'pathos' do lapso do tempo surge ali da fusão imaginada dos dois modos perceptivos por uma intensidade da emoção. Shakespeare, na primavera do mundo moderno, funde os dois elementos ao exibir o contágio da imediatidade jovial:

...«narcisos amarelos,
que aparecem antes de a andorinha se atrever e cativam
os ventos de Março com beleza;...»

(*The Winter's Tale*, IV, IV, 118-120)

Mas, por vezes, os homens esgotam-se pela sua atenção indivisa aos elementos causais na natureza das coisas. Então, em momentos de cansaço, surge uma súbita tranquilidade e o mero lado apresentacional do mundo esmaga com a sensação do seu vazio. Quando William Pitt, primeiro-ministro da Inglaterra durante o período mais obscuro das guerras da Revolução Francesa, estava no seu leito de morte, no pior momento da luta da Inglaterra, ouviu-se-lhe murmurar:

«Que sombras somos! Que fantasmas perseguimos!».

A sua mente perdera subitamente o sentido da eficácia causal e fora iluminada pela lembrança da intensidade da emoção, que envolvera a sua vida, em comparação com o vazio estéril do mundo que passa na apresentação sensível.

O mundo dado na apresentação sensível não é a experiência originária dos organismos inferiores que, mais tarde, a inferência para a eficácia causal tornará sofisticada. É o contrário que acontece. Primeiro, domina o lado causal da experiência; em seguida, a apresentação sensível ganha subtileza. A sua referência simbólica mútua é, por fim, purificada pela consciência e pela razão crítica, com a ajuda de um apelo pragmático às consequências.

5. *A Intercepção dos Modos de Percepção*

Não pode haver referência simbólica entre perceptos derivados de um modo e perceptos derivados do outro modo, a não ser que, de alguma maneira, estes perceptos se interceptem. Por «intercepção» significo que um par de tais perceptos deve ter elementos de estrutura em comum, pelos quais são destinados à acção da referência simbólica.

Há dois elementos de estrutura comum que podem ser partilhados em comum por um percepto derivado da imediatidade presentacional e por outro resultante da eficácia causal. Esses elementos são 1.º — os dados sensíveis e 2.º — a localidade.

Os dados sensíveis são «dados» à imediatidade presentacional. Este carácter dado dos dados sensíveis, enquanto base deste modo perceptivo, é a grande doutrina comum a Hume e a Kant. Mas o que já está dado à experiência pode apenas derivar-se da potencialidade natural que configura uma experiência particular na aparência de eficácia causal. A eficácia causal é a mão do passado estabelecido na formação do presente. Por conseguinte, os dados dos sentidos devem desempenhar um duplo papel na percepção. No modo da imediatidade presentacional, eles são projectados para exibir o mundo contemporâneo nas suas relações espaciais. No modo da eficácia causal, exibem os órgãos corporais quase instantaneamente precedentes como impondo as suas características à experiência em questão. Vemos o quadro e vêmo-lo com os nossos olhos; tocamos na madeira e tocamo-la com as nossas mãos; cheiramos a rosa e cheiramo-la com o nosso nariz; ouvimos a campaínha e ouvimo-la com os nossos ouvidos; provamos o açúcar e provamo-lo com o nosso paladar. No caso dos sentimentos corporais, as duas localizações são idênticas. O pé causa dor e é a sede da dor. O próprio Hume afirma tacitamente esta dupla referência na segunda das citações anteriormente feitas. E escreve: «Se for percebida pelos olhos, será uma cor; se pelos ouvidos, será um som; se pelo paladar, um sabor; e assim será com os outros sentidos». Ao asserir deste modo a ausência de percepção da causalidade pressupõe-na implicitamente, pois qual é o significado de «*por*» em «*pelos* olhos», «*pelos* ouvidos», «*pelo* paladar»? O seu argumento pressupõe que os dados dos sentidos, funcionando na imediatidade presentacional, são «dados» em virtude dos olhos, ouvidos, paladar, que funcionam com eficácia causal. De outro modo, o seu argumento estaria enredado num círculo vicioso. Deve, com efeito, começar novamente com os olhos, os ouvidos, o paladar; por isso, tem de se explicar o significado de «por» e «deve» num sentido que não destrua o seu argumento.

Esta dupla referência é a base de toda a doutrina fisiológica da percepção. Os pormenores desta doutrina são, na presente discussão, filosoficamente irrelevantes. Hume, com a claridade do génio, enuncia o ponto fundamental, a saber, que os dados sensíveis funcionando num acto de experiência demonstram que são dados *pela* eficácia causal dos órgãos corporais actuais. Refere-se a esta eficácia causal como a uma componente da percepção directa. O argumento de Hume pressupõe, primeiro, tacitamente os dois modos de percepção e, em seguida, pressupõe tacitamente que a imediatidade presentacional é o único modo. Por isso, os seguidores de Hume, ao desenvolverem a sua doutrina, pressupõem que a imediatidade presentacional é primitiva e que a eficácia causal é o derivativo sofisticado. Eis uma total inversão da evidência. Na medida em que se têm em conta os próprios ensinamentos de Hume, existe naturalmente outra alternativa: é que os discípulos de Hume interpretaram mal a sua posição final. Com base nesta hipótese, o seu apelo final à «prática» é um apelo contra a adequação das categorias metafísicas, então correntes, como interpretativas da expriência óbvia. Esta teoria a propósito das próprias crenças de Hume é, na minha opinião, improvável. Mas, deixando de lado a apreciação que o próprio Hume fazia ou tinha da sua realização filosófica, é nesse sentido que o devemos venerar como um dos maiores filósofos.

    A conclusão deste argumento é que a intervenção de qualquer dado sensível no mundo actual não pode expressar-se de um modo qualquer simples, como a mera qualificação de uma região do espaço ou, alternadamente, como a mera qualificação de um estado da mente. Os dados sensíveis exigidos para a percepção sensível imediata entram na experiência em virtude da eficácia do meio ambiente. Este meio ambiente inclui os órgãos corporais. Por exemplo, na audição de um som, as ondas físicas ingressaram nos ouvidos e as agitações dos nervos excitaram o cérebro. O som ouve-se então como provindo de uma certa região do mundo externo. Assim, a percepção no modo de eficácia causal revela que os dados no modo da percepção sensível são fornecidos por ela. Eis a razão por que existem tais elementos dados. Cada um dos dados constitui um elo entre os dois modos perceptivos. Cada elo ou dado possui um acesso complexo à experiência, exigindo uma referência aos dois modos perceptivos. Os dados sensíveis podem conceber-se como constituindo o carácter de uma relação multimodalmente denominada entre os organismos do meio ambiente passado e os do mundo contemporâneo.

6. Localização

A comunidade parcial de estrutura, pela qual os dois modos perceptivos produzem a demonstração imediata de um mundo comum, deriva da sua referência dos dados sensíveis, a ambos comum, a localizações, diversas ou idênticas, num sistema espaciotemporal comum aos dois. Por exemplo, a cor refere-se a um espaço externo e aos olhos, enquanto órgãos da visão. Na medida em que lidamos com um ou outro dos dois modos perceptivos puros, uma tal referência é demonstração directa; e, enquanto isolado da análise consciente, é um facto último contra o qual não há apelo. Um tal isolamento ou, pelo menos, uma tal abordagem a ele é muito fácil, no caso da imediatidade presentacional, mas, é muito difícil, no caso da eficácia causal. A pureza ideal total da experiência perceptiva, desprovida de referência simbólica, é na prática inalcançável para qualquer um dos modos perceptivos.

Os nossos juízos sobre a eficácia causal estão quase inextricavelmente deformados pela aceitação da referência simbólica entre os dois modos, enquanto acabamento do nosso conhecimento directo. Tal aceitação não tem lugar apenas no pensamento, mas também na acção, na emoção e na finalidade, todas elas precedendo o pensamento. A referência simbólica é um dado para o pensamento, na sua análise da experiência. Confiando em tal dado, o nosso esquema conceptual do universo é, em geral, logicamente coerente consigo mesmo e corresponde aos últimos factos dos modos perceptivos puros. Mas, ocasionalmente, a coerência ou a verificação fracassam. Revemos então o nosso esquema conceptual de maneira a preservarmos a confiança geral na referência simbólica, enquanto relegamos pormenores definidos desta referência para a categoria de erros. Esses erros denominam-se «aparências ilusórias». O erro brota da extrema vaguidade das perspectivas espaciais e temporais no caso da percepção no puro modo da eficácia causal. Não existe nenhuma definição adequada de localização, quanto ao que emerge na consciência analítica. O princípio da relatividade leva-nos a sustentar que, com uma análise consciente adequada, tais relações causais deixam a sua débil impressão na experiência mas, em geral, uma tal análise pormenorizada está muito longe da capacidade da consciência humana.

Na medida em que a eficácia causal do mundo externo diz respeito ao corpo humano, existe a percepção muito insistente de um mundo de seres eficaz e circunjacente. Mas a discriminação exacta de coisa para coisa e de posição para posição é extremamente vaga, quase negligenciável. A discriminação rigorosa que, de facto, fazemos surge quase inteiramente em virtude da referência simbólica, a partir da imediatidade presentacional. As coisas passam-se de modo diferente relativamente ao corpo humano. Há ainda uma vaguidade em comparação com a definição exacta da apresentação imediata, embora a localização dos vários órgãos corporais que são eficazes na regulação dos dados dos sentidos e a localização dos sentimentos se encontrem já bem definidos no puro modo perceptivo da eficácia causal. A transferência simbólica intensifica, naturalmente, a definição. Mas, deixando de lado uma tal transferência, há alguma adequação da demarcação definida.

Assim, na intersecção dos dois modos, as relações espaciais e temporais do corpo humano, enquanto causalmente apreendidos, com o mundo contemporâneo externo, enquanto apresentado imediatamente, fornecem um esquema bastante definido da referência espacial e temporal pelo qual testamos o uso simbólico da projecção sensível para a determinação das posições dos corpos, que controlam o curso da natureza. Em última análise, toda a observação, científica ou popular, consiste na determinação da relação espacial dos órgãos corporais do observador com a localização dos dados sensíveis «projectados».

7. *O Contraste entre a Definição Exacta e a Importância*

A razão por que os dados sensíveis projectados se usam em geral como símbolo é porque são cómodos, definidos e manipuláveis. Podemos ou não ver, como quisermos: podemos ou não ouvir. Há limites para esta comodidade dos dados sensíveis. Mas, eles são, enfaticamente, os elementos manipuláveis nas nossas percepções do mundo. A sensação de controlar presenças possui o seu carácter contrário; é o imanipulável, o impreciso e o pouco definido.

Mas, apesar de toda a sua vaguidade, não obstante a sua falta de definição, estas presenças controladoras, estas fontes de poder, estas coisas com uma vida interna, com a sua própria riqueza de conteúdo, esses seres com o destino do mundo oculto nas suas naturezas, são o que acerca deles queremos conhecer. Quando atravessamos uma rua pejada de tráfego, vemos a cor dos carros, as suas formas, as cores alegres dos seus ocupantes; mas, nesse momento, estamos absorvidos no uso deste espectáculo imediato como um símbolo para as forças que determinam o futuro imediato.

Fruímos o símbolo, mas também penetramos no seu significado. Os símbolos não criam o seu significado; o significado, na forma de seres efectivos actuais que reagem sobre nós, existe para nós por direito próprio. Mas, os símbolos descobrem-nos o seu significado. Revelam-no porque, no longo decurso da adaptação dos organismos vivos ao seu meio ambiente, a natureza * ensinou o seu uso. Desenvolveu-nos de maneira a que as nossas sensações projectadas indiquem em geral as regiões que são a sede dos organismos importantes.

As nossas relações com esses corpos são precisamente as nossas reacções a eles. A projecção das nossas sensações nada mais é do que a ilustração do mundo em acordo parcial com o esquema sistemático, no espaço e no tempo, a que essas reacções se conformam.

Os laços da eficácia causal provêm do que nos é exterior. Revelam o carácter do mundo do qual brotamos, condição ineluctável em torno da qual nos configuramos. Os laços da imediatidade presentacional derivam do nosso íntimo e estão sujeitos às intensificações, inibições e diversões, conforme aceitamos ou rejeitamos o seu desafio. Os dados dos sentidos não devem sem mais denominar-se «meras impressões» — excepto se for apenas como qualquer outro termo técnico. Representam também as condições que derivam do funcionamento perceptivo activo, enquanto condicionado pelas nossas próprias naturezas. Mas, as nossas naturezas devem conformar-se com a eficácia causal. Assim, a eficácia causal, *a partir do* passado, é, pelo menos, um factor que proporciona a nossa imediatidade presentacional *no* presente. O *como* da nossa experiência presente deve conformar-se ao *quê* do passado em nós.

A nossa experiência brota do passado: enriquece com a emoção e a finalidade a sua apresentação do mundo contemporâneo e lega o seu carácter ao futuro, na aparência de um elemento efectivo que para sempre se acrescenta ou se subtrai à riqueza do mundo. Para o bem ou para o mal.

«*Pereunt et Imputantur*»

---

  * Cf. *Prolegomena to an Idealist Theory of Knowledge*, por Norman Kemp Smith, Macmillan and — Co., Londres 1924.

8. Conclusão

Neste capítulo e no anterior, discutiu-se o carácter geral do simbolismo. Ele desempenha um papel dominante na maneira como todos os organismos superiores conduzem as suas vidas. É a causa do progresso e a causa do erro. Os animais superiores adquiriram uma faculdade de grande poder, por meio da qual podem definir com alguma exactidão as características distantes do mundo imediato, que deve determinar as suas vidas futuras. Mas, semelhante faculdade não é infalível; e os riscos são proporcionais à sua importância. O objectivo do próximo capítulo é ilustrar essa doutrina, mediante uma análise da parte desempenhada pelo hábito do simbolismo no fomento da coesão, do progresso e da dissolução das sociedades humanas.

CAPÍTULO III

USOS DO SIMBOLISMO

A atitude da humanidade perante o simbolismo mostra uma mistura instável de atracção e de repulsa. A inteligência prática, o desejo teorético de penetrar nos factos últimos, e os impulsos críticos e irónicos forneceram os motivos principais para a repulsa do simbolismo. Os homens realistas querem factos e não símbolos. Um intelecto teorético claro, com o seu entusiasmo generoso pela verdade exacta a todo o custo, põe de lado os símbolos como simples quimeras que ocultam e distorcem o santuário secreto da verdade simples, que a razão exige como sua propriedade própria. Os críticos irónicos das tolices da humanidade prestaram um serviço notável ao arrumarem os tarecos de cerimónias inúteis que simbolizam as fantasias degradantes de um passado selvagem. A rejeição do simbolismo sobressai como um elemento bem recortado na história cultural dos povos civilizados. Não pode, com razão, duvidar-se de que esta crítica incessante levou a cabo um serviço necessário no fomento de uma civilização saudável, quer por parte da eficácia prática da sociedade organizada, quer por parte de uma robusta direcção do pensamento.

Nenhuma explicação dos usos do simbolismo é completa sem o reconhecimento de que os elementos simbólicos na vida têm uma tendência para ficar à solta, como a vegetação numa floresta tropical. A vida da humanidade facilmente pode ser esmagada pelos seus acessórios simbólicos. Um contínuo processo de poda e de adaptação a um futuro, que exige sempre novas formas de expressão, é uma função necessária de toda a sociedade. A adaptação bem sucedida dos velhos símbolos às mudanças da estrutura social é a marca final da sabedoria na arte sociológica de governar. Por isso, exige-se uma revolução ocasional do simbolismo.

Existe, contudo, um provérbio latino a propósito do qual na nossa juventude alguns escreveram temas. Na nossa língua reza assim: — expulsa a natureza com um forcado que ela voltará sempre a correr. Este provérbio é exemplificado pela história do simbolismo. Por mais que nos esforcemos por o expulsar, ele retorna sempre. O simbolismo não constitui uma simples fantasia ociosa ou uma degeneração corrupta. É inerente à verdadeira textura da vida humana. A própria linguagem é um simbolismo. E, outro exemplo ainda, por mais que reduzamos as funções do governo à sua suprema simplicidade, o simbolismo ainda permanece. Pode ser um cerimonial mais saudável, mais viril e sugerindo noções mais refinadas, mas é ainda um simbolismo. Abolimos a etiqueta de uma corte real com a sua sugestão de subordinação pessoal mas, nas recepções oficiais, apertamos cerimoniosamente a mão ao governador do nosso Estado. Assim como a doutrina feudal de uma subordinação de classes, que vai até ao último suserano, requer o seu simbolismo, assim também a doutrina da igualdade humana obtém o seu próprio simbolismo. A humanidade, parece, teve de encontrar um símbolo para se expressar a si mesma. Efectivamente, «expressão» é «simbolismo».

Quando o cerimonial público do Estado se reduziu à mais despida simplicidade, os clubes e as associações privadas imediatamente começam a reconstituir acções simbólicas. É como se a humanidade houvesse de estar sempre a mascarar-se. Este impulso imperativo sugere que a noção de uma mascarada ociosa é o caminho errado do pensamento a propósito dos elementos simbólicos da vida. A função de tais elementos deve ser definida, manejável, reproduzível e, por isso, deve arcar com a sua própria eficácia emocional: a transferência simbólica investe os seus significados correlativos com alguns ou todos os atributos dos símbolos e, por este meio, eleva os significados a uma intensidade de eficiência definida — como elementos do conhecimento, da emoção e da finalidade — uma eficiência que os significados podem ou não merecer por sua conta própria. O objectivo do simbolismo é o realçamento da importância daquilo que é simbolizado.

Numa discussão de exemplos de simbolismo, a nossa primeira dificuldade é descobrir precisamente o que é ser simbolizado. Os símbolos são bastante específicos mas, muitas vezes, é extremamente difícil analisar o que está para além deles, mesmo se existe manifestamente algum forte apelo para lá dos meros actos cerimoniais.

Parece provável que, em qualquer cerimonial que tenha durado muitas épocas, a interpretação simbólica, tanto quanto a podemos conseguir, varia muito mais rapidamente do que o cerimonial concreto. Por isso, no seu fluxo, um símbolo terá diferentes significados para pessoas diferentes. Em qualquer época, há pessoas que têm a mentalidade dominante do passado, outras a do presente, outras a do futuro e ainda outras a de muitos futuros problemáticos, que jamais despontarão. Para esses diferentes grupos, um simbolismo velho terá diferentes matizes de um significado impreciso.

Para apreciarmos a função necessária do simbolismo na vida de qualquer sociedade dos seres humanos, devemos formar uma estimativa das forças vinculativas e disruptivas em acção. Há muitas variedades de sociedade humana, cada qual requerendo a sua própria investigação particular, no tocante aos pormenores. Fixaremos a atenção nas nações que ocupam países definidos. Assim pressupõe-se, de imediato, a unidade geográfica. As comunidades com unidade geográfica constituem o tipo primário das comunidades que encontramos no mundo. Na realidade, quanto mais descemos na escala do ser, tanto mais necessária é a unidade geográfica para a íntima interacção dos indivíduos que constituem a sociedade. As sociedades dos animais superiores, dos insectos, das moléculas, possuem todas unidade geográfica. Uma rocha nada mais é do que uma sociedade de moléculas que se entregam a toda a espécie de actividade aberta às moléculas. Chamo a atenção para esta forma inferior de sociedade a fim de dissipar a noção de que a vida social é uma peculiaridade dos organismos superiores. Acontece precisamente o contrário. No tocante ao valor de sobrevivência, um bocado de rocha com a sua história passada de alguns oitocentos milhões de anos excede em muito o breve espaço de tempo conseguido por qualquer nação. A emergência da vida concebe-se melhor como uma tentativa de liberdade por parte dos organismos, uma tentativa por uma certa independência da individualidade com interesses e actividades próprios, que não podem erigir-se apenas em termos de obrigações ambientais. O efeito imediato da emergência da individualidade sensitiva foi reduzir o prazo de vida das sociedades de centenas de milhões de anos para centenas de anos ou mesmo para vintenas de anos.

A emergência dos seres vivos não pode atribuir-se ao valor superior de sobrevivência, quer dos indivíduos, quer das suas sociedades. A vida nacional tem de enfrentar os elementos disruptivos introduzidos pelas pretensões extremas das idiossincrasias individuais. Exigimos, ao mesmo tempo, as vantagens da preservação social e o estímulo contrário da heterogeneidade derivada da liberdade. A sociedade tem de deslizar suavemente por entre as divergências dos seus indivíduos. Há uma revolta que provém das simples obrigações causais impostas aos indivíduos pelo carácter social do meio ambiente. Semelhante revolta assume, primeiro, a forma de impulso emocional cego e, mais tarde, nas sociedades civilizadas, esses impulsos são criticados e deflectidos pela razão. De qualquer modo, há fontes individuais de acção que se subtraem à obrigação da conformidade social. A fim de substituir o enfraquecimento da resposta instintiva segura, introduziram-se diversas formas intrincadas de expressão social das várias finalidades da vida social. A resposta ao símbolo é quase automática, mas não inteiramente; a referência ao significado encontra-se aí quer para suporte emocional adicional, quer para crítica. Mas a referência não é tão clara que se torne imperativa. Modificou-se a conformação instintiva imperativa com a influência do meio ambiente. Algo a substituiu que, pelo seu carácter superficial, convida à crítica e que pelo seu uso habitual geralmente se lhe subtrai. Um tal simbolismo torna possível o pensamento conexo, exprimindo-o, enquanto dirige ao mesmo tempo a acção. Em vez da força do instinto, que suprime a individualidade, a sociedade adquiriu a eficácia dos símbolos imediatamente preservadores do bem público e do ponto de vista individual.

Entre os tipos particulares do simbolismo, que servem esta finalidade, devemos colocar primeiro a linguagem. Não me refiro à linguagem na sua função de simples indicação de ideias abstractas ou de coisas actuais particulares, mas à linguagem revestida da sua total influência para a noção em questão. Além da sua simples indicação de significado, as palavras e as frases veiculam um poder sugestivo envolvente e uma eficácia emocional. Esta função da linguagem depende do modo como foi usada, da familiaridade proporcional das frases particulares e da história emocional associada aos seus significados e, por conseguinte, derivativamente transferida para as próprias frases. Se duas nações falam a mesma língua, a eficácia emocional das palavras e das frases diferirá, em geral, para as duas. O que é familiar para uma nação será estranho para a outra; o que está carregado de associações íntimas para uma, está comparativamente vazio para outra. Por exemplo, se as duas nações se encontram bastante apartadas, com fauna e flora diferentes, a poesia da natureza de uma nação não possuirá a sua total linearidade de apelo para a outra — compare-se a frase de Walt Whitman,

«o amplo cenário inconsciente da minha terra»

para um americano, com a frase de Shakespeare,

«...este pequeno mundo,
esta pedra preciosa colocada num mar de prata»,

para um inglês. Naturalmente, qualquer um americano ou inglês, com o mínimo sentido de história e de parentesco, ou com o mínimo de imaginação simpatética pode penetrar nos sentimentos veiculados por ambas as frases, mas a intuição directa em primeira mão, derivada das mais antigas memórias da infância, é para uma nação a da vastidão continental e, para a outra nação, a do mundo da pequena ilha. Ora, o amor dos simples aspectos geográficos de um país, das suas colinas e montanhas, das suas planícies, das suas árvores e flores, das suas aves e de toda a sua vida natural, não é um elemento pequeno na força vinculativa que faz uma nação. A função da linguagem, que opera através da literatura e das frases habituais da primeira vida, é alimentar o sentimento difuso da posse comum de um tesouro infinitamente precioso.

Não devo ser mal compreendido, como se este exemplo tivesse uma importância única. É apenas um exemplo daquilo que se pode ilustrar de uma centena de maneiras. Por isso, a língua não é o único simbolismo eficaz para tal finalidade, mas, de modo específico, a língua aglutina uma nação pelas emoções comuns que extrai e é, além disso, o instrumento pela qual a liberdade de pensamento e da crítica individual encontra a sua expressão.

A minha tese central é que um sistema social se mantém coeso pela força cega das acções e emoções instintivas agrupadas à volta dos hábitos e preconceitos. Não é, por conseguinte, verdade que qualquer avanço na escala da cultura tenda inevitavelmente para a preservação da sociedade. De maneira geral, o que acontece mais vezes é o contrário, e qualquer exame da natureza confirma esta conclusão. Um novo elemento na vida torna de muitos modos inadequada a acção dos velhos instintos. Mas os instintos não expressos sentem-se de um modo não analisado e cego. Forças disruptivas introduzidas por um nível superior de existência lutam, então, na obscuridade contra um inimigo invisível. Não existe posição firme para a intervenção da «consideração racional» — para usar a admirável frase de Henry Osborn Taylor. A expressão simbólica das forças instintivas arrasta-as para o campo aberto: diferencia-as e traça o seu perfil. Há, então, uma oportunidade para a razão efectuar com presteza relativa o que, de outro modo, se deve deixar para a operação lenta de séculos, no meio da ruína e da reconstrução. A humanidade perde as suas oportunidades e os seus fracassos são um bom alvo para a crítica irónica, mas o facto de a razão falhar demasiadas vezes não fornece um justo fundamento para a conclusão histérica de que nunca tem êxito. A razão pode comparar-se à força da gravitação, a mais fraca de todas as forças naturais, mas que acaba por ser a criadora dos sóis e dos sistemas solares: — essas grandes sociedades do Universo. A expressão simbólica preserva, primeiro, a sociedade, acrescentando a emoção ao instinto e, em segundo lugar, fornece uma posição firme à razão, mediante o seu delineamento do instinto particular que expressa. A doutrina da tendência disruptiva devida às novidades, mesmo as que implicam uma subida para níveis mais refinados, é ilustrada pelo efeito do Cristianismo sobre a estabilidade do Império Romano. É igualmente ilustrada pelas três revoluções que garantiram a liberdade e a igualdade ao mundo — a saber, o período revolucionário Inglês do séc. XVII, a Revolução Americana e a Revolução Francesa. A Inglaterra só a custo escapou de uma disrupção do seu sistema social; a América nunca se encontrou em tal perigo; a França, onde o ingresso da novidade foi mais intenso, experimentou, durante algum tempo, este colapso. Edmund Burke, estadista Whig do séc. XVIII e também filósofo, foi o profeta que aprovou as duas primeiras revoluções e o profeta que denunciou a Revolução Francesa. Um homem de génio e um estadista, que observou directamente as duas revoluções e meditou profundamente sobre uma terceira, merece ser ouvido quando se fala das forças que aglutinam e desfazem as sociedades. Infelizmente, os estadistas são dominados pelas paixões do momento e Burke partilhou intensamente esse defeito, de modo que se deixou arrastar pelas paixões reaccionárias suscitadas pela Revolução Francesa. Assim, a sabedoria da sua concepção geral das forças sociais é atenuada pelas conclusões desproporcionadas e cruéis que delas tirou: a sua grandeza revela-se melhor na atitude para com a Revolução Americana. As suas reflexões mais gerais estão contidas, primeiro, na obra de juventude, *A Vindication Of Natural Society* e, em segundo lugar, nas suas *Reflections on the French Revolution*. A primeira obra pretendeu ser irónica mas, como muitas vezes acontece com os génios, ele profetizou sem saber. Este ensaio foi praticamente escrito em torno da tese de que os avanços na arte da civilização conseguem ser destruidores do sistema social. Burke concebeu esta conclusão como uma *reductio ad absurdum*. Mas é a verdade. A segunda obra — uma obra que, no seu efeito imediato, foi talvez a mais prejudicial alguma vez escrita, dirige a atenção para a importância do «preconceito» como força social vinculativa. Mais uma vez afirmo que ele aí acertou nas premissas, mas errou nas conclusões.

Burke inspecciona o milagre permanente da existência de uma sociedade organizada, que culmina na acção calma e unificada do Estado. Uma tal sociedade pode consistir em milhões de indivíduos, cada um com o seu carácter, os seus objectivos e o seu egoísmo individuais. Ele interroga-se sobre qual a força que leva esta multidão de unidades separadas a cooperar na manutenção de um estado organizado em que cada indivíduo tem o seu papel a desempenhar — político, económico e estético. Contrasta a complexidade dos funcionamentos de uma sociedade civilizada com as simples diversidades dos seus cidadãos individuais, considerados como um mero grupo ou multidão. A sua resposta ao enigma é que a força magnética é o «preconceito» ou, por outras palavras, «o uso e o costume». Ele aqui antecipa toda a moderna teoria da psicologia gregária e, ao mesmo tempo, abandona a doutrina fundamental do partido Whig, tal como fora instituída no séc. XVII e sancionada por Locke. A doutrina Whig convencional era que o Estado tirava a sua origem de um «contrato original» pelo qual a simples multidão se organizava voluntariamente numa sociedade. Uma tal doutrina busca a origem do Estado numa ficção histórica sem base. Burke adiantou-se muito ao seu tempo, ao chamar a atenção para a importância da precedência como uma força política. Infelizmente, na agitação do momento, Burke concebeu a importância da precedência como implicando a negação da reforma progressiva.

Ora, ao examinarmos como uma sociedade obriga os seus membros individuais a funcionar em conformidade com as suas necessidades, descobrimos que um agente activo importante é o nosso vasto sistema de simbolismo herdado. Existe um intrincado simbolismo expresso da língua e do acto que se encontra difundido na comunidade e que evoca a apreensão flutuande da base de propósitos comuns. A direcção particular da acção individual está directamente correlacionada com os símbolos particulares devidamente definidos que lhe são apresentados no momento. A resposta da acção ao símbolo pode ser tão directa que corte toda a referência efectiva à última coisa simbolizada. Esta eliminação do significado chama-se acção reflexa. Por vezes, dá-se a intervenção de uma referência efectiva ao significado do símbolo, mas tal significado não é evocado com a particularidade e a precisão que produziria uma iluminação racional quanto à acção específica exigida para garantir o resultado final. O significado é impreciso, mas insistente. A sua insistência desempenha o papel de hipnotizar o indivíduo para este completar a acção específica associada ao símbolo. Na transacção total, os elementos que estão bem recortados e definidos são os símbolos específicos e as acções que se iniciariam a partir dos símbolos. Mas, em si mesmos, os símbolos são factos estéreis, cuja força associativa directa seria insuficiente para originar uma conformidade automática. Não existe repetição ou semelhança suficiente de ocasiões diversas para garantir a mera obediência automática. Mas, de facto, o símbolo evoca lealdades a noções vagamente concebidas, fundamentais para as nossas naturezas espirituais. O resultado é que as nossas naturezas são instigadas a suspender todos os impulsos antagonistas, de modo a que o símbolo produza a sua resposta exigida em acção. Assim, o simbolismo social tem um duplo significado. Significa pragmaticamente a direcção dos indivíduos para acções específicas; e significa também teoricamente as derradeiras razões imprecisas com os seus acompanhamentos emocionais, pelos quais os símbolos adquirem o poder de organizar a multidão heterogénea numa comunidade que funciona sem asperezas.

    O contraste entre o Estado e um exército ilustra este princípio. O Estado lida com uma complexidade maior de situações do que o faz o exército. Neste sentido, é uma organização mais frouxa e, em relação à maior parte da sua população, o simbolismo comunal não pode confiar, para a sua eficácia, na recorrência frequente de situações quase idênticas. Mas um regimento disciplinado treina-se para agir como uma unidade num conjunto definido de situações. Grande parte da vida humana subtrai-se ao âmbito desta disciplina militar. O regimento exercita-se para uma espécie de trabalho. O resultado é que há mais confiança no automatismo e menos confiança no apelo para razões últimas. O soldado treinado age automaticamente ao receber a palavra de ordem. Responde ao som e corta com a ideia; eis a acção reflexa. Mas o apelo ao lado mais profundo é ainda importante num exército, embora seja ministrado num outro conjunto de símbolos como a bandeira, o serviço honroso do regimento e outros apelos simbólicos ao patriotismo. Deste modo, no exército, existe um conjunto de símbolos para produzir obediência automática num conjunto limitado de circunstâncias, e há outro conjunto de símbolos para produzir um sentido geral da importância das funções realizadas. Este segundo conjunto impede a reflexão aleatória de destruir a resposta automática ao primeiro conjunto.

Para a maioria dos cidadãos de um Estado, não existe, na prática, nenhuma obediência automática devida a qualquer sinal como a palavra de ordem para os soldados, excepto nuns quantos exemplos como a resposta aos sinais da polícia de trânsito. Assim, o Estado depende de um modo muito particular da prevalência dos símbolos que combinam a direcção para algum curso bem conhecido da acção com uma referência mais profunda ao objectivo e à finalidade do Estado. A auto-organização da sociedade depende de símbolos comummente difundidos, que evocam ideias comummente espalhadas e indicando ao mesmo tempo acções comummente entendidas. As formas usuais de expressão verbal são o exemplo mais importante de semelhante simbolismo. Por isso, o aspecto histórico da história do país é o símbolo para o seu valor imediato.

Quando uma revolução destruíu suficientemente o simbolismo comum que leva a acções comuns para propósitos usuais, a sociedade só pode salvar-se da dissolução mediante um reino de terror. As revoluções que se subtraiem a um reino de terror deixaram intacto o simbolismo eficiente e fundamental da sociedade. Por exemplo, as revoluções Inglesas do séc. XVII e a Revolução Americana do séc. XVIII deixaram a vida ordinária das suas respectivas comunidades quase sem mudança. Quando George Washington substituíu Jorge III e o Congresso substituíu o Parlamento Inglês, os americanos conservavam ainda um sistema compreensível no tocante à estrutura geral da sua vida social. A vida na Virgínia não deve ter assumido um aspecto muito diferente do que tinha antes da Revolução. Na terminologia de Burke, os preconceitos de que a sociedade Virginiana dependiam mantiveram-se intactos. Os sinais ordinários remetiam ainda as pessoas para as suas acções ordinárias e sugeriam a justificação ordinária do sentido comum.

Uma das dificuldades em explicar o meu significado é que o simbolismo efectivo íntimo consiste em vários tipos de expressão, que pervadem a sociedade e evocam um sentido de propósito comum. Nenhum pormenor é de grande importância. Requere-se o âmbito total da expressão simbólica. Um herói nacional como George Washington ou Jefferson é um símbolo do objectivo comum que anima a vida americana. Esta função simbólica dos grandes homens constitui uma das dificuldades em obter um juízo histórico equilibrado. Existe a histeria da depreciação e existe também a histeria oposta, que desumaniza a fim de exaltar. É muito difícil exibir a grandeza sem perder o ser humano. Contudo, sabemos que pelo menos *nós* somos seres humanos e metade da inspiração dos nossos heróis perde-se quando nos esquecemos de que *eles* foram seres humanos.

Menciono grandes americanos porque estou a falar na América. Mas o mesmo se verifica com os grandes homens de todos os países e épocas.

A doutrina do simbolismo desenvolvida nestas lições capacita-nos para distinguir entre a acção instintiva pura, a acção reflexa e a acção simbolicamente condicionada. A acção instintiva pura é o funcionamento do organismo, que é totalmente analisável em termos das condições impostas ao seu desenvolvimento pelos factos estabelecidos do meio ambiente externo, condições que se podem descrever sem qualquer referência ao seu modo perceptivo da imediatidade presentacional. Este instinto puro é a resposta de um organismo à pura eficácia causal.

Segundo esta definição, o instinto puro é o tipo mais primitivo de resposta produzida pelos organismos ao estímulo do seu meio ambiente. Toda a resposta física por parte da matéria inorgânica ao seu meio ambiente deve-se assim adequadamente denominar instinto. No caso da matéria orgânica, a sua primeira diferença, relativamente à natureza inorgânica, é a maior delicadeza de ajustamento recíproco interno de partes minúsculas e, em alguns casos, o seu aumento emocional. Deste modo, o instinto ou o ajustamento imediato ao meio ambiente imediato torna-se mais proeminente na sua função de dirigir a acção para as finalidades do organismo vivo. O mundo é uma comunidade de organismos; estes organismos em massa determinam a influência ambiental sobre qualquer um deles; só pode haver uma comunidade persistente de organismos persistentes quando a influência ambiental sob a forma de instinto é favorável à sobrevivência dos indivíduos. Assim a comunidade, enquanto ambiente, é responsável pela sobrevivência dos indivíduos separados que a compõem. E os indivíduos separados são responsáveis pela suas contribuições ao meio ambiente. Os electrões e as moléculas sobrevivem porque satisfazem esta lei primária para uma ordem estável da natureza em conexão com as sociedades dadas de organismos.

A acção reflexa é um reincidir num tipo mais complexo de instinto por parte dos organismos que fruem, ou fruíram, da acção simbolicamente condicionada. Por isso, a sua discussão deve pospor-se. A acção simbolicamente condicionada surge nos organismos superiores que desfrutam do modo perceptivo da imediatidade presentacional, isto é, apresentação sensível do mundo contemporâneo. Esta apresentação sensível fomenta simbolicamente uma análise da percepção maciça da eficácia causal. A eficácia causal percebe-se, pois, como analisada em componentes com as localizações no espaço, que pertencem primariamente às apresentações sensíveis. No caso dos organismos percebidos, externos ao corpo humano, a discriminação espacial implicada na percepção humana da sua pura eficácia causal é tão fraca que, praticamente, não existe controlo sobre esta transferência simbólica, a não ser o controlo indirecto das consequências pragmáticas — por outras palavras, ou o valor de sobrevivência, ou a auto-satisfação lógica e estética.

A acção simbolicamente condicionada é a acção que assim é condicionada pela análise do modo perceptivo de eficácia causal levada a efeito pela transferência simbólica, a partir do modo perceptivo da imediatidade presentacional. Esta análise pode ser correcta ou errada, segundo se conforma ou não com a distribuição actual dos corpos eficazes. Na medida em que é suficientemente correcta, em circunstâncias normais, capacita um organismo para conformar as suas acções à análise de longo alcance das circunstâncias particulares do seu meio ambiente. Enquanto este tipo de acção prevalecer, o puro instinto é suplantado. Este tipo de acção é grandemente fomentado pelo pensamento que usa os símbolos como referente para os seus significados. Não existe nenhum sentido em que o puro instinto possa estar errado, mas a acção simbolicamente condicionada pode estar errada, no sentido de que pode provir de uma falsa análise simbólica da eficácia causal.

A acção reflexa é o funcionamento orgânico que depende totalmente da apresentação sensível não acompanhada por qualquer análise da eficácia causal, *mediante* a referência simbólica. A análise consciente da percepção refere-se primeiramente à análise da relação simbólica entre os dois modos perceptivos. Assim, a acção reflexa é inibida pelo pensamento que, inevitavelmente, fomenta a proeminência da referência simbólica.

A acção reflexa surge quando, mediante a operação do simbolismo, o organismo adquiriu o hábito da acção em resposta à percepção sensível imediata e pôs de lado a intensificação simbólica da eficácia causal. Representa assim a apartação da actividade qualitativamente superior da referência simbólica. Esta apartação é praticamente inevitável na ausência de atenção consciente. A acção reflexa não pode em sentido algum dizer--se que é errada, embora possa ser infeliz.

Deste modo, o factor vinculativo importante numa comunidade de insectos integra-se provavelmente na noção de puro instinto, tal como aqui é definido. Pois, cada insecto individual é provavelmente um organismo tal que as condições causais que herda do passado imediato são adequadas para determinar as suas acções sociais. Mas a acção reflexa desempenha o seu papel subordinado. As percepções sensíveis dos insectos, assumiram, pois, em certos campos de acção uma determinação automática das actividades dos insectos. No entanto, de um modo mais fraco, a acção simbolicamente condicionada intervém em tais situações quando a apresentação sensível fornece uma especificação simbolicamente definida da situação causal. Mas só o pensamento activo pode salvar a acção simbolicamente condicionada de recair depressa na acção reflexa. Os exemplos mais bem sucedidos de vida comunitária existem quando o puro instinto reina de um modo absoluto. Estes exemplos ocorrem apenas no mundo inorgânico; em sociedades de moléculas activas que formam rochas, planetas, sistemas solares e enxames de estrelas.

O tipo mais desenvolvido de comunidades vivas exige a emergência bem sucedida da percepção sensível para delinear com êxito a eficácia causal no meio ambiente externo; e exige também a sua recaída num reflexo adequado à comunidade. Obtemos assim as comunidades mais flexíveis de mentes qualitativamente inferiores, ou mesmo células vivas, que possuem algum poder de adaptação aos pormenores causais de um meio ambiente remoto.

Finalmente, a humanidade usa também um simbolismo mais artificial, obtido sobretudo mediante a concentração numa certa selecção de percepções sensíveis, como as palavras, por exemplo. Neste caso, há uma cadeia de derivações de símbolo a partir de símbolo, pela qual finalmente as relações locais, entre o símbolo final e o significado derradeiro, se perdem inteiramente. Assim, os símbolos derivativos obtidos como que por associação arbitrária são realmente resultados da acção reflexa que suprime as porções intermediárias da cadeia. Podemos usar a palavra «associação» quando há esta supressão dos elos intermediários.

Este simbolismo derivativo empregue pela humanidade não é em geral uma mera indicação de significado, em que cada característica comum partilhada pelo símbolo e significado se perdeu. Em todo o simbolismo efectivo, há certas características estéticas partilhadas em comum. O significado adquire emoção e sentimento directamente excitados pelos símbolos. Eis a base plena da arte da literatura, a saber, que as emoções e sentimentos directamente suscitados pelas palavras devem intensificar, de um modo ajustado, as nossas emoções e sentimentos que brotam da contemplação do significado. Além disso, há na linguagem uma certa vaguidade do simbolismo. Uma palavra tem uma associação simbólica com a sua própria história, com os seus outros significados e com o seu estatuto geral na literatura corrente. Assim, uma palavra recebe uma significação emocional da sua história emocional no passado; e esta é transferida simbolicamente para o seu significado no uso presente.

O mesmo princípio se verifica com todas as espécies mais artificiais do simbolismo humano: — por exemplo, na arte religiosa. A música é particularmente adaptada à transferência simbólica de emoções, em virtude das fortes emoções que gera, por sua própria conta. Estas emoções fortes imediatamente superam qualquer sentido de que as suas relações locais próprias são de alguma importância. A única importância da disposição local de uma orquestra é capacitar-nos para ouvir a música. Não ouvimos música para obtermos uma apreciação justa de como a orquestra se encontra situada. Ao ouvirmos a buzina de um carro, surge exactamente a situação oposta. O único interesse que temos na buzina é determinar uma localidade definida, como o sítio da eficácia causal que determina o futuro.

Esta consideração da transferência simbólica da emoção levanta uma outra questão. No caso da percepção sensível, podemos perguntar se a emoção estética a ela associada deriva dela ou lhe é simplesmente concomitante. Por exemplo, as ondas sonoras, pela sua eficácia causal, podem produzir no corpo um estado de emoção estética agradável que se transfere então simbolicamente para a percepção sensível dos sons. No caso da música, tendo em conta o facto de que os surdos dela não fruem, parece que a emoção é quase inteiramente o produto dos sons musicais. Mas o corpo humano é causalmente afectado pelos raios ultra-violetas do espectro solar, de modos que não terminam em qualquer sensação da cor. No entanto, tais raios produzem um efeito emocional inegável. Por isso, mesmo os sons logo abaixo ou acima do limite de audibilidade parecem acrescentar um matiz emocional a um volume de som audível. Toda a questão da transferência simbólica da emoção reside na base de qualquer teoria da estética da arte. Por exemplo, fornece a razão para a importância de uma rígida supressão do pormenor irrelevante. Pois as emoções inibem-se ou intensificam-se umas às outras. A emoção harmoniosa significa um complexo de emoções que se intensificam reciprocamente, ao passo que os pormenores irrelevantes fornecem emoções que, em virtude da sua irrelevância, inibem o efeito principal. Cada pequena emoção que surge directamente de algum pormenor subordinado recusa aceitar o seu estatuto como um facto separado na nossa consciência. Insiste na sua transferência simbólica para a unidade do efeito principal.

Assim o simbolismo, ao incluir a transferência simbólica pela qual é efectuado, constitui apenas uma exemplificação do facto de que uma unidade da experiência brota da confluência de muitas componentes. Esta unidade da experiência é complexa, para que seja susceptível de análise. As componentes da experiência não são um conjunto sem estruturação, indiscriminadamente reunido. Cada componente, por sua própria natureza, encontra-se num certo esquema potencial de relações com as outras componentes. A transformação desta potencialidade em unidade real é que constitui o facto concreto actual que é um acto de experiência. Mas, na transformação da potencialidade em facto actual podem surgir inibições, intensificações, orientações ou desvios da atenção, consequências emocionais, finalidades e outros elementos da experiência. Tais elementos são, pois, verdadeiras componentes do acto da experiência; mas não são necessariamente determinados pelas fases primitivas da experiência, da qual provém o produto final. Um acto de experiência é aquilo a que chega um organismo complexo, no seu carácter de ser uma coisa. Por isso, as suas várias partes, as suas moléculas e as suas células vivas, ao passarem para novas ocasiões da sua existência, tomam uma nova cor, em virtude do facto de no seu passado imediato terem sido elementos contributivos para esta unidade dominante da experiência que, por seu turno, sobre eles reage.

Assim a humanidade, por meio do seu sistema elaborado de transferência simbólica, pode realizar milagres de sensibilidade a um meio ambiente distante e a um futuro problemático. Mas sofre o castigo em virtude do facto perigoso de que cada transferência simbólica pode implicar uma imputação arbitrária de características inadequadas. Não é verdade que as simples acções da natureza em qualquer organismo particular sejam favoráveis em todos os aspectos, ou para a resistência desses organismos, ou para a sua felicidade, ou para o progresso da sociedade em que os organismos se encontram. A experiência que os homens fazem da melancolia transforma esta admoestação numa banalidade. Nenhuma comunidade elaborada de organismos elaborados poderia existir se os seus sistemas de simbolismos não fossem, em geral, bem sucedidos. Códigos, regras de conduta, cânones da arte, são tentativas para impôr uma acção sistemática que, no todo, fomentará interconexões simbólicas favoráveis. Quando uma comunidade muda, todas essas regras e cânones exigem uma revisão à luz da razão. O objectivo a conseguir tem dois aspectos; um é a subordinação da comunidade aos indivíduos que a compõem, e o outro é a subordinação dos indivíduos à comunidade. Os homens livres obedecem às regras que eles próprios fizeram. Descobrir-se-á que tais regras se impõem em geral à conduta da sociedade, em referência a um simbolismo que, supostamente, se refere às finalidades últimas para as quais a sociedade existe.

O primeiro passo da sabedoria sociológica é reconhecer que os maiores avanços da civilização são processos que fazem tudo excepto destruir as sociedades em que ocorrem: — como uma flecha na mão de uma criança. A arte da sociedade livre consiste, primeiro, na manutenção do código simbólico; e, em segundo lugar, na intrepidez para o rever, a fim de garantir que o código sirva as finalidades que satisfazem uma razão ilustrada. As sociedades que não podem combinar o respeito pelos seus símbolos com a liberdade de revisão devem, em última análise, entrar em decadência, ou em virtude da anarquia, ou por causa da lenta atrofia de uma vida abafada por sombras inúteis.

ÍNDICE

Dedicatória 9
Prefácio 11

CAPÍTULO I

1. Tipos de Simbolismo 13
2. Simbolismo e Percepção 14
3. A Propósito da Metodologia 16
4. Falibilidade do Simbolismo 17
5. Definição de Simbolismo 18
6. A Experiência como Actividade 18
7. Linguagem 20
8. A Imediatidade Presentacional 21
9. A Experiência Perceptiva 24
10. A Referência Simbólica na Experiência Perceptiva 25
11. O Mental e o Físico 26
12. Os Papéis dos Dados Sensíveis e do Espaço na Imediatidade Presentacional 27
13. Objectivação 29

CAPÍTULO II

1. Hume acerca da Eficácia Causal 33
2. Kant e a Eficácia Causal 38

3. Percepção Directa da Eficácia Causal 39
4. Primitividade da Eficácia Causal 42
5. A Intercepção dos Modos de Percepção 46
6. Localização 49
7. O Contraste entre a Definição Exacta e a Importância 51
8. Conclusão 53

CAPÍTULO III

Usos do Simbolismo 55

Composto, paginado e impresso
por Tipografia Guerra — Viseu
para EDIÇÕES 70
em Outubro de 1987

Depósito legal n.º 18376